U0024181

之

天可汗前後

韓冬◎著

Q版資治通鑑 卷下

目錄

CONTENTS

Q版資治通鑑 卷下

目錄

CONTENTS

Q版資治通鑑

兩晉

下棋與下蛋

晉武帝司馬炎的大兒子名叫司馬衷，從小他的表現就非常的與眾不同：

一歲了，別的孩子都開始學走路，會叫爸爸媽媽了，他卻只會一動不動的躺在床上呆呆的看天花板，司馬炎以爲這孩子將來會是個思想家。

五歲了，別的孩子都開始背四書五經了，他才剛剛學會玩尿泥，司馬炎以爲這孩子將來會是個建築家。

十歲了，別的孩子都開始種菜餵豬了，他卻整天摔破飯碗，司馬炎以爲這孩子將來會是個音樂家。

十五歲了，別的孩子都開始忙著初戀了，他卻整天披頭散髮只知道在紙上畫圈圈，司馬炎以爲這孩子將來會是個藝術家。

二十歲了，別的孩子都已經結婚生子養家糊口了，他卻又開始玩尿泥，司馬炎終於了解了，這孩子其實是個弱智兒童。

可因爲他是所有孩子中的老大，還是被立爲了太子。當時的朝中大臣們都希望司馬炎可以廢除司馬衷另立太子。一次司馬炎舉行聚會，宴請大臣。大臣衛瓘裝做喝醉一個箭步衝上來跌倒在龍椅旁邊，趴在地上撫摸著龍椅說：「我還能喝……可憐了這個座位啦。」

接著又有一個大臣衝上來，倒在司馬炎的腳下，說：「我還能喝……他連『衷』和『衰』都分不清，總是把自己的名字寫成『司馬衰』，也太衰了吧！」

別的大臣們見狀，紛紛假裝醉酒，前赴後繼的倒在司馬炎的腳下，都在說太子司馬衷的不是，不過他們首先說的都是「我還能喝……」不一會兒，司馬炎的腳下就趴滿了大臣。

司馬炎：「……靠，都給我站起來，我知道你們都是裝的。衛瓘，你給我站起來先。」

衛瓘：「我還能喝，我站不起來。」

司馬炎：「醉到站不起來的人一般都會隨地大小便，你去那邊門口給我小個便，我就認爲你是真的喝醉了。」

衛瓘：「……太誇張了吧！皇上是怎麼看出來我沒有喝醉的？我已經說了『我還能喝』了呀！」

司馬炎：「你衝過來的時候箭步邁得那麼直，倒下去的時候還知道扶一下椅子以免摔得太疼，只要不是瞎子，都能看得出來。所有的人都給我站起來。」

大臣們這才起立，開始在地上找自己的帽子和整理自己的衣服。

司馬炎：「你們的意思我都明白，對於這個太子我也有點失望。可是不是說廢除就可以廢除的。我們一起來看不可以隨意廢除他的兩個原因。」

因爲問司馬炎爲什麼不廢除弱智太子的人太多了，司馬炎乾脆找了兩個太監將不可隨意廢除的原因排成了兩齣戲。這兩個太監隨時隨地跟司馬炎在一起，應付隨時隨地可能出現的詢問司馬炎的人。

（兩個太監從後面走出來，走到大殿中央，他們的身上都掛著紙條，一個上面寫著「晉武帝」，一個上面寫著「楊皇后」。）

夜，燈下。晉武帝和楊皇后坐在床上下棋。

（另一太監入，身上掛著的紙條上寫著「太子」。）

太子：「爹爹娘娘，你們在幹嘛？」

楊皇后：「跟你說過多少次了，爹可以叫爹爹，因爲爹和爹爹指的是同一個人。可是娘就不能叫娘娘了，因爲娘和娘娘指的可能不是同一個人。叫我娘就好了。」

太子：「好的娘娘。爹爹娘娘，你們在幹嘛呀？」

楊皇后：「……」

晉武帝：「我們在下棋。衷兒要不要一起來下？」

太子：「下棋？我看你們坐在床上一動不動，還以為你們在下蛋呢。」

晉武帝：「……要不是我兒子，我真的忍不住要扁他了。」

太子：「就這樣坐著一動不動，真不好玩，我去玩尿泥咯……」

（太子出。楊皇后和晉武帝停了下棋呆呆的互相看著。）

晉武帝：「我真的不放心把江山交給這樣一個兒子，不如我們另立太子吧。雖然衷兒是你生的，我想母儀天下的你應該沒什麼意見吧？」

楊皇后：「可是《周禮》的第六章第二節已經說了，選擇接班人不是要看接班人是不是有才華，是不是弱智，而是要看他是不是先從娘胎裡爬出來。《周禮》說的能隨便改麼？」

晉武帝沈默。

（兩太監下。）

晉武帝對現場的大臣說：「大家看到了吧，這是第一個理由，也是最重要的理由。我們所做的事情不可以違背聖典《周禮》。我們接著看第二個理由。」

（一個太監上，身上掛著紙條寫著「火」。）

他手中拿著火把邊跑邊喊道：「著火啦，著火啦！」

（另一個太監上，身上掛著紙條寫著「晉武帝」。）

晉武帝走到之前上場的那個太監身旁：「怎麼回事？怎麼宮裡會忽然起火？」

火：「好像是有人在柴房裡面做氧化反應的化學試驗引起的火災。」

（第三個太監上，身上掛著紙條寫著「司馬遹，五歲」。司馬遹是司馬衷的大兒子，是他和一個宮女所生。）

（司馬遹走上前來，將晉武帝抱到一個黑暗的地方。）

晉武帝：「小孫子，你爲什麼要把我抱到這裡來呢？」

司馬遹：「你站在火光旁邊很容易被壞人看到而成爲射擊目標的。」

晉武帝滿臉慈祥的撫摸著司馬遹的腦袋。

（三太監下。）

晉武帝：「這就是第二個原因了。雖然太子是有點弱智，可是他兒子司馬遹卻非常聰明，頗有我的祖父司馬懿當年的風采。我要將希望寄託在他的身上。只有他父親司馬衷將來當了皇上，他才有可能當皇上。」

群臣聽完便沒有再說什麼了。

最終晉武帝還是沒有改立太子。西元二九〇年他病死之後，司馬衷繼位，是爲晉惠帝。

晉武帝在臨死前想讓司馬衷的外祖父楊駿和四爺爺汝南王司馬亮一起輔佐司馬衷，並且打算在當朝大臣之中挑選一些有才能而且比較厚道的做為楊駿和司馬亮的輔助。可是楊駿卻想大權獨攬。司馬炎將詔書寫好交給立法院之後，楊駿跑到立法院去找立法院長索要詔書。

楊駿：「把皇上的詔書給我看一下。」

院長：「這……不太好吧！」

楊駿：「我就在這裡看一眼，又不會弄丟，你怕甚麼？」

院長將詔書拿出來小心翼翼的遞給楊駿。楊駿忽然指著院長背後的方向喊道：「有飛碟！」

乘院長轉過頭去看飛碟的瞬間，楊駿將詔書塞到了自己口袋裡面。

院長扭過頭來：「哪有飛碟？只是隻蒼蠅而已。……詔書呢？」

楊駿：「是啊，詔書呢？」

院長：「老楊，不要玩啦，快把詔書歸還給我吧，這可不是鬧著玩的。」

楊駿：「我沒有玩啊，我來找你要詔書一看，你不給我。考慮到詔書非常重要，你不給我也是應該的。我走了……」

說完楊駿就捂著口袋跑了。

這個時候的司馬炎已經完全昏迷了，楊駿的女兒皇后楊芷在司馬炎的床前照顧。

楊芷問昏迷之中的司馬炎：「你同不同意讓我爹爹一個人輔政嘛？」

司馬炎：「……」

楊芷：「不同意的話就請舉手……好，你沒有舉手就算你同意了。」

之後，楊芷將立法院院長找來，告訴他說司馬炎已經同意讓楊駿獨自輔佐司馬衷了，院長沒有敢再造次。

晉惠帝即位之後尊皇后楊芷爲皇太后，封他的大老婆賈南風爲皇后。賈南風是大臣賈充的女兒。

曾經在司馬衷到達婚配年齡的時候，賈充私下找過好幾趟晉武帝。每次都是替他女兒提親，或者傳遞情書。

第一次：

賈充：「太子也已到了婚配年齡了，該給他找個門當戶對的對象啦。要不然他在後宮之中搞出些胡天胡地的事情恐怕就不好了。」

晉武帝：「我也正在想這件事情，可是你也知道太子的情況，哪有大臣王爺願意把自己的女兒嫁給太子呢？」

賈充：「我啊，我就願意。我女兒年方二八，長相頗佳，才品也不錯。如果皇上你願意的話，我這就去接她進宮來送給太子。」

晉武帝：「啊……不用這麼著急吧。我先派宮中的畫師去你家給你的女兒畫個像吧。」

賈充：「不用，畫像我已經帶來了，就是宮中的畫師畫的。」

賈充說著從背後掏出一張畫像來遞給晉武帝。

晉武帝：「你女兒眉毛好像很濃啊……」

賈充：「這是畫師把墨蘸得太飽了。」

晉武帝：「眼睛怎麼好像沒有瞳孔，全都是眼白。」

賈充：「就等著皇上你畫鳳點睛呢。」

晉武帝：「鼻子上還有很多點點……」

賈充：「那是畫師不小心滴上去的墨汁，包括那兩個碩大的鼻孔也是不小心滴了墨汁的緣故，現實中其實她的鼻孔沒有這麼大的。」

晉武帝：「哪這幾根飄揚在鼻孔下面的鼻毛……？」

賈充：「啊，怎麼可能有鼻毛？我已經讓她剪掉了呀，我看看……哦，我知道了，這肯定是墨汁沒乾的時候有人抹了一把。」

晉武帝：「原來這樣，總體上看還是很不錯的。不過這裡也沒有畫下半身出來，不知道身材如何。」

賈充：「皇上你就放心吧，身材絕對適合結婚。」

第二次：

賈充拿著一個上面刺了鴛鴦的手帕給晉武帝：「這是我的女兒送給太子的手帕。」

晉武帝：「上面的麻雀是她自己刺繡的？」

賈充：「……皇上，那兩個是鴛鴦，麻雀不會游泳的。上面所有的都是她自己刺繡的。」

晉武帝：「身爲官宦之家的小姐，竟然會做針線，是一件很難能可貴的事情啊。」

晉武帝讓太監將這個手帕拿去送給了太子，弱智的司馬衷非常喜歡，因爲他再也不用將鼻涕往袖子上抹了。

第三次：

賈充拿著一封信給晉武帝：「這是我女兒給太子寫的信。」

晉武帝：「字寫得倒是不錯，不過他們年輕人的情書我們做長輩的就不看了吧！你也知道，太子他連自己的名字都寫不好，可能沒有辦法回信。」

賈充：「這沒有關係，我女兒說她心甘情願守護這份沒有回音的愛。」

晉武帝：「……好吧，往後他們兩個之間有什麼東西交換，就直接拿去給太子了。這門親事我同意了，就看太子自己的意思吧！」

此後賈充經常帶一些比較好玩的東西，比如望遠鏡、鐵環、呼啦圈等，進宮送給太子，並告訴他這是賈南風送給他的。沒有多久太子就記住了賈南風這個名字，逢人就念叨。晉武帝見司馬衷這麼喜歡賈南風，於是張羅著給他們成親了。成親那天，他終於見到了賈南風本人。

晉武帝：「……好像墨汁沒有蘸得過飽，也沒有滴墨到畫像上吧，賈愛卿？」

賈充：「我說的都是實話，畫師給我女兒畫像那天，的確是發生了這些事故。」

晉武帝：「她的身材很適合結婚麼？」

賈充：「屁股大，而且整個人比較豐腴，乃是多子有福之相。」

既然婚禮都已經準備好了，而且賈充又是朝中比較重要的大臣，晉武帝雖然知道上了賈充的當了，但也不好在這個時候說什麼了。好在司馬衷不知嫌棄，婚禮還是如期順利的舉辦了。

事實上賈南風不僅長得難看，而且非常心狠手辣。結婚之後天天打罵體罰司馬衷，嚇得司馬衷連床都不敢上，是以雖然賈南風屁股大好生養，但卻一直都沒能生下個一男半女的。賈南風不但欺負晉惠帝，而且喜歡參與朝政。她不願意眼睜睜看著楊駿獨攬朝廷大權，便秘密派人去聯絡了汝南王司馬亮和楚王司馬瑋，命他們帶兵進京，準備除去楊駿。

西元二九一年三月，司馬瑋帶著部隊從荊州趕到了洛陽。賈后有了後盾，指使自己平日裡培育起來的親信給晉惠帝上書說：「楊駿天天白天在家磨刀，晚上在燈下做龍袍，擺明了是想謀反。」

晉惠帝立刻下令革去楊駿所有的官職，並且派兵包圍了楊駿的家。

楊駿的外甥段廣跪在司馬衷面前求情說：「楊駿只是孤孤單單一個老頭，沒有兒子，他造反有什麼用呢？希望陛下能夠明察。」

司馬衷：「那他白天磨刀，晚上當裁縫是爲了什麼呢？」

段廣：「或許他是想殺隻雞燉了，然後再給皇上你做件棉襖，一起送到宮裡也不一定啊……」

司馬衷：「這個理由恐怕連你自己都不會相信吧！」

楊駿被包圍之後，因爲膽小怕事而沒有造反，只是假裝成一匹馬躲在馬廄裡面，最後被

人識破而亂箭射死。楊家上下幾百人一天之內全都死於非命。賈南風還說她婆婆皇太后楊芷也參與了這場陰謀，說她在宮中養鴿子並不是爲了娛樂或者吃肉，而是爲了做爲信鴿通風報信。她讓司馬衷下令廢除了皇太后，並將她幽禁在後宮之中。她還命人在送給楊芷的飯中放上催吐劑，使得楊芷吃一口吐兩口，楊芷最後被活活餓死在後宮之中。

楊駿倒下後，文武百官們推薦汝南王司馬亮和很多朝元老衛瓘共同執掌朝廷大事，賈南風見自己還是沒辦法大權獨攬，便在茶裡面放上蒙汗藥硬灌給司馬衷。司馬衷本來就嗜睡，喝了蒙汗藥之後，一睡就是好幾天。賈南風假傳密旨，派楚王司馬瑋悄悄的去將司馬亮和衛瓘抓起來殺了。司馬瑋替賈南風做了這麼多事，權力自然就大了起來。賈南風又覺得留著他也是個禍害。便向大臣們宣佈司馬瑋假傳聖旨殺了司馬亮和衛瓘，理應處死。

司馬瑋：「啊，聖旨都是昨天晚上你悄悄給我的。」

賈南風：「胡說，昨天晚上我一直都在睡覺。難道我會夢遊去發聖旨給你不成？」

司馬瑋：「也有可能啊……」

賈南風沒等司馬瑋繼續申辯，便下令砍了他的頭。

自此之後朝廷大權全都落在了賈南風手中，朝中重要部門的大臣幾乎都是她的親信。即便這樣她還是有一件事情放心不下，現在的太子司馬遹不是她親生的，她非常恐懼司馬遹將來當了皇帝之後會對她不利。正好司馬遹和賈南風的侄子賈謐的關係不好，因爲司馬遹見了賈謐經常翻白眼。賈謐於是對賈南風說：「我好幾次看到司馬遹看著你的背影口中念念有詞，看來他非常痛恨你，如果將來他當了皇帝的話，只怕我們都沒有好日子過了。」

賈南風一聽更加恐懼了。她用太子的口氣寫了一封逼晉惠帝退位的信。接著他叫來了太子。讓宮女捧著一壇酒放到太子面前。

賈南風：「遹兒，最近我在研究釀酒技術，這是我最新釀製的女兒紅，你喝喝看。」

司馬遹：「女兒紅不是女生見紅的時候才能喝的麼？」

賈南風：「遹兒真是純潔，女兒紅的意思是男人喝了就可以讓女生見紅。這種酒不但口感很好而且具有壯陽補腎之奇特功效。」

司馬遹看著眼前的酒不知道如何是好，因爲有人早就給他提醒過，不能隨便吃皇后給他的東西。

見司馬遹呆呆的站在那裡，遲遲不肯上當，賈南風著急了。大聲喝道：「怎麼？你看不起母后麼？你父親請你喝酒的時候你一杯接一杯的，到我這裡你就不願意喝了？」

司馬遹：「不是，不是，只是一個人喝酒顯得有些孤獨。」

賈南風：「那沒問題，就讓這個漂亮的姐姐陪你一起喝吧，她喝一杯，你就喝一杯。」

漂亮姐姐：「太子不許賴皮喲！」

司馬遹心想，雖然他酒量不怎麼樣，灌醉這個女人還是不成問題的吧，便欣然同意了她們

的要求。其實他想錯了，他眼前的這個漂亮姐姐便是皇宮之中有名的女酒鬼，號稱千杯不醉。

一個時辰之後，太子已經被灌得七葷八素的了，賈南風乘機拿出寫好的那封信騙太子重新抄寫了一遍。

第二天上朝的時候，賈南風將這封信拿出來給文武大臣們展覽。

大臣甲：「這是太子寫的麼?怎麼寫得這麼噁心?」

大臣乙：「不過這筆跡似乎又是太子的。」

賈謐：「當然是太子寫的了，估計是他寫的時候比較著急，所以寫得難看了一點，落款可準確無誤的是他的。」

大臣們見賈南風用陰狠的目光看著他們，知道這又是賈南風搞的鬼，便沒有人再敢說什麼了。

主管禁軍的趙王司馬倫早就想起兵謀反了，苦於一直找不到藉口，現在見賈南風廢除了太子，非常欣喜。

司馬倫：「準備造反咯，準備造反咯。」

謀士：「趙王你這麼開心幹嘛?」

司馬倫：「現在賈南風廢除了太子，我們造反也有藉口啦，我可以當皇帝啦！」

謀士：「切，即便我們現在幹掉賈南風，要被文武百官們推上皇位的也只能是太子司馬遹，你這麼高興做什麼？」

司馬倫：「……是哦，那怎麼辦？」

謀士：「必須得讓賈南風做掉太子先。」

在刮南風的時候，司馬倫派人在皇宮的上風處散步謠言說，大臣們準備扶持太子當皇帝了。賈南風立刻就聽到了這個謠言，大吃了一驚。連夜配製了無色無味的劇毒七仙海棠，然後派了一個無毒不侵的下人去吹進了太子的房間，第二天早上有人發現的時候，太子已經死僵了。司馬倫得到這個消息之後，立刻派了齊王司馬冏進宮去逮捕賈南風。

賈南風見司馬冏帶著人馬氣勢洶洶的衝將進來，大喊道：「你們想要做什麼？不知道女人的閨房是不能輕易闖入的麼？」

司馬冏：「好啦，別自做多情了，就你這樣的身材，根本沒人願意看的。」

賈南風：「狗奴才，你們不知道我是皇后麼？」

司馬冏：「抓的就是皇后。我們奉皇上的詔書來逮捕你。你可以保持沈默，不過我們不會理睬的。」

兩晉．

賈南風：「皇上的詔書？皇上明明不識字，他的詔書都是我替他寫的，我怎麼不記得我寫過要逮捕我的詔書？」

司馬冏：「等到了下頭慢慢想吧。」

司馬軍綁了賈南風就往外走，司馬倫見賈南風押到，二話不說直接砍了她的頭。

此後的政權又被司馬倫全權掌握。一年之後，司馬倫乾脆將晉惠帝關了起來自己做了皇帝。當了皇帝之後，他將所有與自己有關係的人，包括他的奶媽，全都封了官。官職不夠用了他就新增設官位封給自己人，搞得當官的人就像現在的大學生一樣多。那時候的官員都要在帽子後面栓上一個貂尾巴，結果因為官員太多，貂尾巴不夠用了，有人只好找來狗尾巴或豬尾巴來代替。這便是所謂的狗尾續貂。

各地的王們見京城這麼熱鬧，竟然有這麼多王過了做皇帝的癮，於是紛紛蠢蠢欲動起來。諸王互相漫罵、討伐，全國陷入一片混戰之中。這種混亂從西元二九一年開始，到西元三〇六年結束，持續了十六年之久。因為有八個王參加混戰，所以稱為「八王之亂」。西元三〇四年的時候，匈奴貴族劉淵乘亂建立了漢國，西晉的政權受到了嚴重的威脅，不過當時西晉人都忙著叛亂，根本沒有閒暇顧及這邊。西元三一六年，西晉在很多少數民族的圍攻之下滅亡。司馬睿在江南建立了司馬家族的流亡政府，史稱東晉。

韓冬・Say

・有人的地方就有戰爭。上頭之間的戰爭或為你所知或不為你所知，我的意見是儘量不要捲入這樣的戰爭當中去，誰勝誰負難以預料，壓錯了寶可就不好玩了。某個頭兒了為個人戰爭的勝利，可能會問你要諸如會議記錄、隱秘文件什麼的觀看，你明知道這些是不能給他看的，怎麼辦呢？很簡單：不給他看！立法院院長沒有堅持這一點，結果壞了晉武帝的事。

・司馬衷是弱智這是人所共知的事情，晉武帝竟然將位置傳給了他，理由有兩個：一是教科書所講的不能違背，二是司馬衷有個好兒子，他死了位子就歸好兒子了。結果卻是國家被搞得一團糟，這裡可以悟出兩個道理，一是盡信書不如無書，二是不要將希望寄託在將來的將來。寄託在將來已經是很危險的事了，將來的將來就更沒譜了。事情的發展往往是充滿曲折的，不如你所願是常有的。

・生個天才的兒子固然好，可天才和弱智往往只在一線之間，還是保險一點生個普通人吧。

聞紅燒雞而起舞

少數民族佔領北方之後爲了同化北方人民，穩固自己的統治採取了很多措施。比如逼北方人民天天吃肉而不吃蔬菜；讓北方人民穿上少數民族的衣服學跳少數民族的非常難學的舞蹈；在全國範圍內舉辦少數民族語級考試，考試不過關的就要去當苦工等等。

北方人民生活得非常痛苦，都希望逃到南方的東晉政府能夠打回來趕走少數民族政權，救廣大人民於水火之中。而此時的東晉政府一方面急著穩固在江南的政權，沒有閒暇收復中原；另一方面包括皇帝司馬睿在內的上層建築全都貪圖安逸，只想著自己有飯吃，有衣穿，有妞泡就夠了，根本沒想到要出師北伐。然而並不是所有的人都像他們一樣不思進取，不爲民著想。那個時候湧現出了很多仁人志士，他們心中時刻想著光復國家，並爲此努力奮鬥著。祖逖就是其中非常典型的一位。

祖逖是河北范陽人，從小就有非常偉大的志向，他最好的朋友名叫劉琨。曾經他和劉琨在一起工作，兩個人經常在一起談時世、談理想、談女人，白天的時間不夠談，就晚上睡在一起接著談。半夜時分，一隻生物時鐘亂了的公雞胡亂打了一聲鳴驚醒了祖逖。祖逖叫劉琨起床，劉琨睡覺特別沈，叫了半天都沒有反應，祖逖無奈之下改為用手推，都快把劉琨推下床了還是沒有能推醒他，祖逖忍無可忍，站起來用腳踩醒了劉琨。

劉琨：「幹嘛，幹嘛？什麼事？」

祖逖：「快點聞雞起舞啦。」

兩人立刻起床跑到外面去鍛煉身體和吊嗓子，這個時候東方都還沒有發白。

劉琨：「我鍛煉得差不多了，你呢？」

祖逖：「我也鍛煉好了，總算有了餓的感覺了。」

劉琨：「那就可以殺了那隻雞紅燒了吧。」

祖逖：「快點，我已經等不及了，我彷彿已經聞到了紅燒雞的香味了。」

這便是「聞紅燒雞而起舞」的來由了。

劉淵和他兒子劉聰帶著部隊橫掃北方，攻下洛陽的時候，祖逖同別人一樣帶著他的家人和親戚跑到了南方，而劉琨留在北方用遊擊戰的方式繼續同少數民族作戰。司馬睿組織了東晉政府之後，只給祖逖封了一個芝麻大的小官。祖逖雖然心有不滿，但卻沒有自暴自棄，他開設了

一家武館，招募了很多壯士在一起練武強身，雖然他也會收點學費，但他開辦這間武館絕對不是以盈利爲目的，而是爲北伐做準備的。

因爲東晉政權佔有的就只是那麼小小一點點地方，祖逖的家離司馬睿住的地方不會很遠。而且司馬睿的流亡政府剛剛建立，也沒多少錢修建高牆大院，祖逖吃完飯散步的時候就經常能去司馬睿那裡串門。

祖逖：「吃了嗎？」

司馬睿：「剛剛吃過，你又來請我北伐了？」

祖逖：「不是，我知道讓你去北伐是不可能的事情。」

司馬睿：「這就對了，我好不容易才從北方逃命過來，怎麼可能又回去送死呢，胡人有多厲害你又不是沒有見過。況且我們現在有吃有穿有房子住，已經很不錯了。」

祖逖：「我不勸你去北伐，我自己去北伐總可以了吧？」

司馬睿：「……你怎麼就知道北伐？家裡房子修好了沒？煤氣換了沒？老婆孩子都照顧好了沒？你想想這些好不好？」

祖逖：「之所以前朝會大亂，是因爲皇室內部互相慘殺，這才使得胡人乘機得勝。現在中原人民生活在水深火熱之中，如果我們的部隊去了，北方人民一定會群起而攻擊胡人的，那樣我們一定就可以報仇雪恨了。」

司馬睿：「你都說到這份上了，我還能怎麼說？你想去伐就去伐吧。」

祖逖：「那你得給我點兵馬、盔甲、糧草、弓箭、神舟六號什麼的吧，不然我拿什麼打仗？」

司馬睿無奈，給了祖逖一千人的糧食，三千匹布，沒有給他盔甲，也沒有給他武器，神舟六號就更沒有了。

司馬睿：「我能給的就這些了。糧食夠一千人吃一天的了。如果你的人少的話這些布足夠給他們一人做一身新衣服了，如果人多的話給每個人縫條內褲應該也夠了。」

祖逖見的確從司馬睿那裡再要不到什麼了，便帶著這些東西離開了。祖逖帶著自己武館裡面訓練出來的一百多個壯士，準備渡江北伐。

手下：「要渡江總得有艘船吧老大。」

祖逖：「就那些糧食和那些布都是我好不容易才要來的，哪還有船給我們坐啊！好在我們人少，大家又都會游泳，我們游泳過去吧！」

手下：「游泳過去？好原始啊……」

從北方跑過來的人民群眾聽說祖逖要帶著人去北伐，紛紛帶著東西前來江邊歡送他們。他

們有的帶來了雞蛋、有的帶來了母雞、還有的將家裡的馬牽來送給祖逖騎。

手下：「請問你的母雞會游泳麼？」

群眾甲：「不會！」

手下：「那我們就沒法帶了。……那你的雞蛋會游泳麼？」

群眾乙：「好像也不會。」

手下：「那我只有下水之前就吃了它了。」

群眾丙：「我的馬會游泳，不過牠不會換氣，需要背上一個氧氣桶。」

手下：「我們自己連氧氣桶都沒有，沒法帶。」

就在祖逖帶領他的手下們脫了衣服準備跳水的時候，忽然從遠處跑來一個人，他的背上還背著一艘戰艦。那人邊跑邊喊道：「等等，先不要跳。」

原來他是江南一個富豪家的下人，是來給祖逖他們送來戰艦的。

下人：「我們老爺聽說你要帶領部隊去北伐，非常開心。特地命我來送一艘戰艦給你們，祝你們旗開得勝。」

祖逖：「我覺得你們老爺應該將你送給我，而不是戰艦。」

下人：「……我不是那種人的。」

祖逖：「靠，你想到哪裡去了？我也不是那種人。我是看你扛著這麼大艘船還能夠健步如飛，實在是強到非常了，如果你能加入我們的部隊的話，我們的戰鬥力會提高很多的。」

下人：「不好意思，我只喜歡搬家，對打仗沒什麼興趣。」

那人說完就扭頭跑了。祖逖搖了搖頭，命大家上船，往對岸開去。船到江心的時候，祖逖看著浩浩蕩蕩的江水，不禁雅興大發。他走到戰艦的最前端，站在了船舷之上，閉上眼睛，張開雙臂，他的鬍子隨風漂亮的飛舞。

祖逖：「啊，我飛起來了，我在飛……」

手下：「這個場景我好像在哪裡見過……哦，我想起來了，是鐵達尼號。」

祖逖本想在船頭繼續抒發一下感情，可是大風吹得他頭皮生疼。他從船舷上下來，拔出腰間的寶劍，敲著船漿豪邁的說：「如果我不能將佔領中原的敵人剿滅的話，我就不會回來。」

他這雄壯豪邁的誓言在長江上空久久回蕩，他的手下大受鼓舞，紛紛擺起了向前進的姿勢。

同時另一個聲音也尖叫起來：「哇，是誰把船漿砍斷了？這下玩完了……」

祖逖帶著人馬到達淮陰之後，在這裡暫住了下來。因為當初他們出發之前司馬睿並沒有給他們武器，他們中有的人拿的是鋤頭，有的人拿的是水果刀，甚至還有人只裝備著一把指甲

刀……以這樣的武器去跟敵人拚命，顯然是只有死路一條的。於是他們建立起了兵工廠，開始製造武器。另一方面他們也廣發招聘啓事招兵買馬，武器造得差不多了，人馬也聚集到兩千人左右了，他們才正式開始向北進發。因爲祖逖勇猛無比，而他的手下們又個個非常能打，他們一路打了不少的勝仗。北方人民聽說有人來收復失地了，開心地奔相走告。他們紛紛自願加入了祖逖的部隊，有的運送糧草，有的打探敵軍情況，還有的當起了文藝兵，給祖逖部隊表演節目鼓舞士氣。人民的力量是無窮的，在人民的幫助下，祖逖在幾年之內就收復了長江以北黃河以南的大部分失地。一直在北方打遊擊戰的劉琨聽說了祖逖的事跡之後非常興奮，他愉快的給祖逖發來賀信賀電，祝賀他在北伐的道路上取得成功，鼓勵他再接再厲，再創輝煌。

再往北走就到了羯族人石勒建立的後趙地界了，後趙部隊十分能打，而且後趙兵多糧廣，很難對付。儘管如此，祖逖還是憑藉自己滿腔的熱情和如神的用兵在黃河邊上好幾次打敗了後趙軍隊。祖逖一邊打仗一邊招兵買馬，隊伍愈來愈壯大，就在他準備繼續前進去收復黃河以北的失地的時候，東晉朝廷開始給他使絆子了。晉元帝司馬睿怕祖逖勢力太大將來造反，就指派了一個南方的將領名叫戴淵的出任征西將軍，主管北方六個州的軍務，成爲祖逖的上司。這個戴淵雖然名氣很大，可都是浪得虛名，他心胸狹窄，目光短淺，處處牽制祖逖。祖逖空有一腔復國熱情卻也無計可施。不久之後，他的朋友劉琨在幽州被東晉統治集團的王敦害死了，而東晉集團又陷入了明爭暗鬥之中。祖逖見統治集團這麼不爭氣，心裡非常氣憤。終究在西元三二一年九月病死了。享年五十六歲。他死後，河南地區又被石勒重新佔領，北伐成果被徹底地斷送了。

韓冬．Say

．經營一個幸福的家庭固然重要，可男人有了事業才不會迷失自己，才不會覺得迷惘，才會讓女人覺得有吸引力。我覺得在這兩者之間找一個平衡點是很容易的，一般女子都不怎麼愛見你整天膩在人身邊。司馬睿和祖逖就是一個迷失了自己，一個找到了平衡點的典型。

．能夠萬事俱備的情況是少之又少的，如果做所有的事情都要等待所有的條件達到才行動，那你將辦不成任何事情。動起來先，在動的過程中條件會慢慢達到，你的經驗也會愈來愈足。如果祖逖非要等待武器、盔甲、軍餉到來的話，平定北方恐怕遙遙無期。

．想讓他早早起來學本領麼，給他準備一隻雞吧——最好是紅燒的。

乞討只是我的表面工作

前秦是少數民族氐族建立的國家，他們的首都在長安。打敗了東晉桓溫的北伐之後，勢力逐漸強大起來。前秦創始人苻健死了之後，他的兒子苻生繼位。這個苻生生性殘暴，殺人不眨眼，搞得人民怨聲載道，眼見前秦政權就要毀在他手裡了。苻生的堂兄弟苻堅推翻了苻生的統治，自己做了前秦皇帝。他深知對一個國家建設最重要的是什麼，是人才！於是他用盡包括搜索引擎、公開招聘、發垃圾郵件在內的各種方式搜索人才。在這個時候有人給他介紹了隱居在大山之中的王猛。

王猛，字景略，北海劇縣人。他的家庭非常貧困，本人靠賣簸箕爲生。從小他就博覽群書，大一點之後他又修習了包括降龍十八掌、如來神掌、抓胸龍爪手在內的絕世武功，使得他成爲一名文武雙全的奇才。他的志向非常遠大，曾經有人請他去朝廷裡面做個編花籃的小官，他沒有答應。王猛在內心之中一直將自己比作諸葛亮，可是很長時間過去了，一直沒有人前來顧他的茅廬。後來他想明白了，諸葛亮是搬到山裡面隱居之後劉備才前去找他的，他住在人這麼多的地方肯定不行。於是他便捲了鋪蓋跑去華山腳下隱居了起來，邊過著吃了上頓沒下頓的日子，邊在心中默默祈禱著劉備的到來。

劉備：「你找我麼？我來啦～～」

王猛：「鬼呀……我等待的是我的劉備的到來，不是說你……」

劉備：「什麼你的劉備我的劉備？劉備只有一個我啊，不理你了！飄走～～」

西元三五四年，東晉桓溫進行了他的第一次北伐，一路打著勝仗過來，到達灞上之後在這裡駐紮了下來不再前進，而前秦政權就在離他不遠的長安瑟瑟發抖中。正在茅屋裡面吃野木耳的王猛聽說桓溫這麼厲害，而且現在就在離他不遠的灞上，立刻前去拜訪桓溫，想看看他是否就是自己的劉備。桓溫正在無聊剪指甲的時候，他的手下進來稟報道：「有一個自稱是諸葛亮再世的人前來拜訪你。」

桓溫：「趕緊請進來。」

王猛進來後，咧著嘴笑著看著桓溫。桓溫見他穿著破破爛爛的衣服，臉和頭髮看上去就像自從生下來就沒有洗過一樣，而且他的牙上還掛著幾條黑糊糊的野生木耳，心中不禁有些看他不起。

桓溫：「你，諸葛亮再世？」

王猛：「是啊，別人都這麼說我。」

桓溫：「看你的樣子還不是個乞丐？」

王猛：「乞討只是我的表面工作，其實我真正的身分是隱士，一個很有才學的隱士。」

王猛坐下來開始給桓溫分析天下局勢，接著又大談用兵之道。他見解獨到，表述清晰，桓溫聽得入了迷。王猛卻忽然不說話了，他將手伸進衣服裡面，摳了一陣後抓出一個蝨子放到油燈的火焰之上，蝨子便被燒得劈裡啪啦亂炸。見桓溫怔怔的看著自己，王猛呵呵一笑道：「我比較喜歡聽這個響兒。」

見王猛這麼有才華，而且又這麼放浪形骸，桓溫便已知道眼前的這個人並非普通人了。已經有了想留下這個人的念頭了。

桓溫：「我奉皇上的命令北伐，一路上過五關斬六將，一直打到了這裡。爲什麼關中的豪傑卻沒有前來拜見我呢？」

王猛：「你從千里之外的南方一直打到這裡來，而現在敵人就在眼前不遠的地方，你卻在這裡停了下來。擺明了你不是真的想北伐，而只是想提高自己的聲望，問朝廷要錢、要物、要人。大家都知道你的心思，所以沒有人前來見你了。」

王猛一語道破了桓溫的心機，把桓溫弄得臉都紅了。

王猛：「不要臉紅嘛，天下各種各樣的人都有，你也不用太過羞愧。」

桓溫：「我沒有臉紅啊。燈光……一定是燈光映照了我的臉……」

桓溫許諾給王猛封一個大官當，只要他願意留下來。可是王猛已經了解了桓溫只是一個玩弄權術而不是能成大事的人，堅決離開了桓溫。桓溫出門依依不捨的送他走了，片刻之後王猛又折返了回來。

桓溫：「啊，太好了，你改變注意了？」

王猛：「不是，我是想問問今天下午你們食堂吃什麼飯？」

桓溫：「……按照食譜來說，應該是餃子吧！」

王猛：「我的晚飯還沒有著落呢，讓你們食堂給我裝碗餃子吧。」

桓溫命身邊的人去食堂給王猛端餃子。王猛略微思考了一下，對跑去食堂的那個人喊道：「記著多放點醋和辣椒啊～～」

王猛從桓溫那裡離開之後，接著在華山腳下住了下來。直到苻堅派人去他家請他。見了苻堅之後，王猛又侃侃而談了一番，苻堅聽完後覺得王猛簡直就是曠世奇才，堪稱諸葛亮再世。而王猛也從看到苻堅眼中閃爍著欣喜的光芒，知道苻堅已經徹底的看上了他。王猛心道「今天我總算找到了我的劉備了。」

苻堅：「諸葛亮……」

王猛：「劉備……」

兩人的眼中都閃爍起了相見恨晚的淚花，四隻手緊緊的握在一起久久無法分開。

苻堅：「真的無法分開了，是什麼東西這麼粘，把我們的手粘在一起了的？」

王猛：「我想是我的鼻涕，我習慣於用手擦鼻涕。」

苻堅：「王兄，往後做了我們的官可不能再這樣了啊……」

王猛：「可是我已經習慣了，不用手擦鼻涕的就不是王猛了。」

苻堅想了想說：「這個事好辦。」

第二天苻堅就命人用木頭雕刻了一隻假手送給了王猛，從此之後王猛的鼻子上經常出現劃痕。

陝西始平的治安非常混亂，光天化日之下的偷竊，調戲良家婦女等更是家常便飯，生活在此地的人民怨聲載道。苻堅任命王猛爲始平縣令，讓他去治理這個地方。王猛上任不久便查明了，這個地方居住的氐族貴族很多，爲非作歹的都是他們或是他們的子弟。王猛當即殺了一名經常禍亂人民群眾的貴族官吏。始平的貴族們聯合給苻堅寫了檢舉信，說王猛草菅人命，亂殺無辜。苻堅收到檢舉信後信以爲真，命人將王猛逮捕，押送到了長安。

苻堅：「王猛，你是漢人，你應該明白以德服人的道理，爲什麼剛一上任就亂殺良民呢？」

王猛：「我明白以德服人啊，不過我更明白當德服不了人的時候就只能用打的了，一直打到人服了爲止。我現在才剛剛殺了一個人民的禍害，還有很多沒有來得及殺呢。」

苻堅大笑道：「有道理，果然是諸葛亮在世。」

自此之後苻堅完全信任了王猛。第二天一早就下旨將王猛升爲吏部尙書左仆射，王猛領旨換了官服。中午又下了聖旨將王猛升爲咸陽內史，王猛又領旨換了官服。下午王猛正在吃飯的時候又接到了聖旨，他被升爲京兆尹，王猛又得換衣服。

王猛：「麻煩告訴一下皇上，能不能一下升到位，換衣服很麻煩的。」

苻堅的皇后強氏的弟弟強德是一個典型的無賴，所謂典型的無賴意思就是他作壞事從不會背著人幹，也就是說不會做詐騙、偷盜這些需要背著人幹才算有職業道德的事情。而只會做搶劫、光天化日之下調戲良家婦女、開著馬車在集市上亂撞人等在衆目睽睽之下幹的事情，而且不帶蒙面的。苻堅知道後立刻逮捕了強德，沒等苻堅批准就在集市上砍了強德的頭示衆。

苻堅：「你爲什麼不等我批准就殺了他呢？」

王猛：「幹了這麼多壞事的人只有一個處理方法，就是砍頭。我想即便你做決定也會是這個結果吧。」

苻堅：「不管怎麼樣，還是讓我批准一下爲好嘛……」

王猛：「其實我是怕你耳根子太軟，被皇后誤了事。男人在床上做的決定一般都會比較沒

有理智。」

苻堅：「……有深度，有道理。」

之後王猛又殺了在京城裡面橫行霸道的貴族二十多人，京城的治安明顯好轉。達到了夜不閉戶，路不拾遺的地步。

晚上，苻堅著便裝隨意在京城裡面漫步，透過沒有關的院門看著正在洗澡的良家婦女，又看著路上到處躺著的錢包金條，充滿感慨的說：「現在我終於知道什麼叫做夜不閉戶，路不拾遺了。我更加知道了要想治理好天下必須要有法律了。」

王猛身為一名漢人，在少數民族建立的朝廷裡當了這麼大的官，理所當然會引起朝廷官員和前秦貴族們的不滿。其中有個名叫樊世的氐族大臣，非常看不起王猛。仗著自己是跟前秦的創建者苻健一起打下前秦天下的老臣，他經常對王猛做出一些不雅的動作。王猛每次都視而不見。有一次他遇到王猛之後又朝王猛撅屁股，這次王猛沒有忍讓，衝上前來一腳揣在他臀部上，他一個重心不穩，呈狗吃屎狀的趴在了地上。

樊世：「我們耕種的土地，卻讓你小子來吃白飯。」

王猛：「我就要吃白飯，我還要你們煮好給我端上來，怎麼樣？」說完王猛還伸出舌頭對樊世做了個鬼臉。

樊世怒不可遏：「王猛，你個雜碎，如果老子我不把你殺了，並把你的狗頭掛在東南枝上示眾，我就誓不爲人。」

王猛：「殺你老母，掛你老母，耶！」

樊世抽出腰間的佩刀就來砍王猛，王猛忙向宮中跑去。一直跑到苻堅面前，將樊世說的話對苻堅敍述了一遍。正好樊世也追了進來。

苻堅：「樊世，你也老大不小了，怎麼還這麼衝動？」

樊世：「今天當著大家的面，請皇上你批准我和王猛單挑！」

一個大臣走上前來對樊世說：「王猛身懷降龍十八掌，如來神掌等絕技，你這麼大年紀了怎麼跟他單挑啊樊大人。」

樊世：「我不管，我就要和他單挑。」

樊世說著脫下一隻鞋飛向王猛。王猛微微一蹲，那隻鞋正好砸到了苻堅的臉上。

苻堅：「來人啊，把這個老賊給我拖出去斬了。」

樊世被砍頭以後，朝中大臣們從此之後見了王猛都尊敬有加。

苻堅：「王猛，你那一蹲太不夠意思了吧？」

王猛：「我只是看那隻鞋來勢比較兇猛，而且鞋後面還帶著一股渾濁的黑氣，就像哈雷彗星一樣，所以嚇得腿一軟了……」

苻堅：「是啊，誰能想到那麼大歲數的人能有那麼大的力氣，而且那麼不喜歡洗腳呢？」

在王猛的輔佐之下，前秦的經濟發展非常迅速，幾年之後，不但人民安居樂業，而且兵強馬壯。苻堅先後消滅了前燕、代國和前涼，統一了中原地區。滅了前燕之後，苻堅特別優待前燕王室慕容家的人。將所有前燕的舊臣全都封了官，使得他們成爲新一代的京城貴族。然而這些前燕餘孽並不知道投桃報李，他們時刻都想著復國。王猛看在眼裡，急在心頭。

苻堅：「丞相你怎麼了？怎麼看你總是很著急的樣子，是不是得了前列腺炎了？」

王猛：「我那不是尿急，我是在替你著急。你跟慕容家是親戚還是看上他們家姑娘了，幹嘛對他們這麼好？」

苻堅：「我要讓天下人知道我苻堅是多麼的寬厚，還要讓東晉人看看我對俘虜是多麼的好，這樣他們就會都來投降了。」

王猛：「錯誤。該投降的人遲早會投降，不該投降的人始終不會投降。而且你現在這樣搞，等慕容家的人羽翼豐滿之後，他們遲早會做掉你的。」

苻堅：「我連中原都統一了，還會怕區區前燕的這幾個餘孽麼？好啦，不用那麼擔心了。……我看你又開始抖了，你確定你的前列腺沒問題？」

王猛：「沒問題……沒問題……」

雖然王猛的前列腺沒問題，別的地方卻有問題了。因爲他長期操勞，導致心腦功能衰竭，終於在西元三七五年病倒在床上了。苻堅請了最好的大夫給王猛看病，還天天誠心替王猛禱告和拜佛。

苻堅：「萬能的主啊，趕快讓王猛的身體好起來吧，至少讓他再爲革命工作五十年吧，阿門……王猛的身體快快好呀快快好，阿彌陀佛……」

耶穌和如來佛都收到了苻堅虔誠的祈禱，都被他的這種仁愛之心感動了，於是下凡來看他。耶穌背著十字架，如來佛手上拿著一串佛珠，一起出現在了苻堅面前。

苻堅：「啊，你們是什麼人？怎麼進來的？」

耶穌、如來佛：「飛進來的啊……」

耶穌：「我是耶穌，我聽你在叫我，所以前來看看。」

如來佛：「我是如來佛，聽你那麼虔誠的求我讓王猛重新站起來，所以特意前來普渡一下眾生。」

苻堅：「……」

耶穌：「我真的不想看見你，可爲什麼到哪都能遇到你呢？你看你的樣子，頭髮弄得好像掛了串葡萄乾在上面，耳朵大的都可以當電風扇了，手上拿的那是所謂的佛珠吧，我看用來栓馬剛剛好。」

如來佛：「你還好意思說我，看看你自己吧，怎麼說也是個神仙，整天衣衫不整，袒著胸露著乳到處亂晃，你以爲你身材很好麼？背上還扛個十字架，累不死你！」

耶穌：「FUCK！」

如來佛：「靠！」

耶穌，如來佛：「苻堅你到底是要請誰保佑你的王猛再站起來？」

苻堅：「……我只是個普通人，兩位老大不要嚇我啊！」

耶穌，如來佛：「既然你請了他，那我不管了！」

說完之後兩人便不見了。王猛的病一天比一天重了，苻堅覺得是自己把事情辦糟了，他對不起王猛，便天天都去王猛府上探望。

這年七月，王猛已經瘦得沒有人樣了，苻堅拉著王猛的手悔恨的說：「王猛，都是我的錯，我不該既說阿門又說阿彌陀佛，我對不起你。」

王猛：「什麼阿門還又阿彌陀佛的？」

苻堅：「唉，事已至此，不再提了。你還有什麼囑咐的，全說了吧。」

王猛用最後一口氣說：「東晉不可急著攻打，雖然他們現在龜縮在江南，可始終他們還是正統朝廷，而且現在是人心所向。需要注意的倒是鮮卑和西羌，他們心腸狠毒，是我們前秦的大敵，如果縱容下去，將來必成大患。」

剛剛已經說了王猛用的是最後一口氣，所以他說完這句話之後就咽氣了。王猛享年五十一歲。死後諡號爲「武」，同諸葛亮的一樣。

韓冬・Say

・中國人最重視人情，似乎什麼事情都可以用人情來解決。更多時候還是希望大家能夠堅持一下原則，特別是只有堅持原則才能辦好的事情上。王猛給老百姓帶來了好處，也讓上級看到了效果，這便是堅持原則的結果。

・天下如此之大，屬於你的伯樂總還是有的，不過事先你要將自己修煉成千里馬。有些人貌似伯樂，卻並非真的伯樂，比如桓溫，他們可能只是用你來裝點門面或者避免你效力敵方。去尋找自己的伯樂吧！

・有些事情我們需要拜託別人幫忙，拜託一個人就可以搞定的事情就不要拜託兩個人，你的付出會是雙倍的之外，還很有可能把事情搞砸。苻堅對王猛的心是好的，可是一下請來耶穌和如來佛兩個人卻是讓他們撒手不管而致王猛於死地的原因。

・男人在床上做的決定一般都會比較沒有理智。別在床上做重大決定以及發誓。

昔人已乘黃鶴去，此地空餘黃鶴窩

正所謂「昔人已乘黃鶴去，此地空餘黃鶴窩」。前秦丞相王猛雖然離開人世了，他生前爲發展前秦政治、經濟、軍事實力所制定的計劃卻被很好的實施了下來。使得前秦就像早上八九點鐘的青年人一樣蒸蒸日上。苻堅本就有統一天下的雄心壯志，在這種情況之下，他的壯志更是滿到隨時都有射出來的可能。王猛死後，苻堅也對東晉搞過幾次小規模的進攻，每次前秦部隊都能夠得勝而歸，這更讓苻堅覺得統一中國，猶如探囊取物，又如翻過手掌般的簡單了。

西元三八二年秋季的一天，王猛終於忍不住了，他決定要大規模的進攻東晉，徹底的消滅東晉政府，統一中國。於是他將前秦的文武百官全都叫到了大殿上來開會。

苻堅：「我要率領著全國的武裝部隊去攻打東晉，諸位大臣是什麼看法？」

文官：「好啊好啊，文成武德，一統江湖！（心想，反正我是文官，不用衝鋒陷陣，帶兵打仗，喊喊口號配合一下老大沒有罪過吧！）」

權翼：「你說好，是吧？那給你幾千人馬帶著去砍東晉吧！」

文官：「呃……我是文官來著，帶兵打仗這樣的工作不適合我幹的。其實我剛剛只是喊一下而已，基本上我覺得東晉現在上下齊心，而且還有不少的人才，不如我們再研究一下吧。」

苻堅：「你到底支持打還是支持不打？想好了再說。」

慕容垂：「現在我們兵強馬壯，財大氣粗，一舉拿下躲在建康苟延殘喘的東晉是絕對不成問題的。」

苻堅：「咦，知音啊……」

姚萇：「同意垂兄所言。」

苻堅：「又一個知音……」

權翼：「你們兩個還不是想消耗我們的兵力，到時候你們坐收漁翁之利，復國的復國，搶劫的搶劫！」

苻堅：「權愛卿，你怎麼可以這樣說人家？」

權翼：「再說現在的確不是進攻東晉的最好時機，他們的官員們團結友愛，而且謝安和桓沖又都不是酒囊飯袋，不好弄的。」

苻堅：「我們的人也不是吃素的啊，你看，慕容垂和姚萇長得多麼的精壯啊……」

慕容垂和姚萇開始脫了上衣擺出各種姿勢展現自己的肌肉。

太子苻寵的侍衛隊隊長走上來說：「東晉還有長江天險可以據守呢陛下。」

苻堅：「我們人馬這麼多，大家把馬鞭子扔進長江去就可以建起三峽大壩了。……好了，我的心意已決，你們不要再說了。慕容垂，姚萇你們可以穿上衣服了。」

耶穌和如來佛還在生苻堅的氣，他們決定時不時的給前秦弄點災難出來。耶穌曾在西元三八〇年的時候派聖誕老人架著他的鹿車去前秦地界投放聖誕禮物，禮物都是些葡萄酒酒瓶子、少了兩個齒的叉子、維納斯的斷胳膊等他們廢棄的東西，這些東西裝在被裝在襪子裡面從天上扔下來，要命的是這次聖誕老人用來裝禮物的襪子是鐵襪子。於是前秦的很多大臣民眾被天上降落下來的襪子砸破了腦袋。

如來佛也不甘示弱，就在苻堅準備進攻東晉的時候，他吹了一聲口哨召集來了天下所有最能吃的蝗蟲。然後派這些蝗蟲到前秦境內去一陣亂啃。苻堅準備好的糧草被吃了個一乾二淨，前秦人民也陷入了饑荒之中。苻堅只得緊急投入救災之中，進攻東晉的計劃被擱置了。

苻堅還沒有去進攻東晉，東晉卻在西元三八三年五月前來北伐。這次北伐沒有多久就失敗了，苻堅被徹底的激怒了。他立刻開始舉行全面進攻東晉前的總動員。十個成年男子當中，有一個要去當兵，因爲八十歲的老爺爺也算是成年男子，而前秦的老齡化又非常嚴重，因此士兵的平均年齡有點偏高；二十歲以下的富家子弟全都被任命爲班長，十歲小孩也算是二十歲以下，因此這次出現了很多被人抱著的班長；全國的物資，包括鐵鍋、鐵鏟、牛羊等全都集中起來充軍。這一切準備好以後，苻堅就準備帶領部隊出發了。慕容垂、姚萇以及那些富家子弟都為這次進攻東晉而歡呼，苻堅的弟弟苻融卻提出了不同意見。

苻融：「富家子弟以為打仗是好玩的事情，而慕容垂、姚萇都心懷不可告人的目的。你聽他們的話發動這樣全國性的戰爭，豈不是顯得你也很弱智？」

苻堅：「去做你的芙蓉姐姐這份很有前途的職業去吧！」

西元三八三年八月二日，前秦大軍兵分三路向東南方向進發。一路兵馬由姚萇率領，出四川沿長江順流而下；一路由苻融和慕容垂率領，當前鋒；一路由苻堅親自率領，共有騎兵、步兵九十萬人，這是主力部隊，從長安出發。

消息傳到東晉首都建康，文武百官都慌了手腳。在這個危急的時刻，大家不約而同的想到了宰相謝安。謝安，陳郡陽夏人，年青的時候也是個不願意受約束，喜歡遊山玩水的浪子。他和王羲之是好朋友，兩人經常在一起切磋書法，吟詩作對。起初他隱居在東山，後來經人舉薦出來做官，做了一陣子覺得不好玩，又回到東山去隱居，直到四十歲的時候才復出，這就是所謂的「東山再起」。前秦強大之後，苻堅經常派人騷擾東晉，朝廷讓謝安推薦一個文武雙全的人去邊境駐防。謝安推薦了自己的侄兒謝玄。孝武帝封謝玄為大將軍，鎮守在廣陵。

謝玄到廣陵之後招兵買馬，儲備軍需，爲保障邊境安全奠定了基礎。在他招來的壯士之中有一個名叫劉牢之的，十八般武藝，樣樣精通，十分了得。謝玄任命他爲參軍，分給他一隊精銳人馬。這對人馬經過謝玄和劉牢之的訓練之後，戰鬥指數狂升，成爲百戰百勝的部隊。因爲他們經常駐紮在北府，所以被稱爲「北府兵」。

這次對付苻堅這麼大規模的進攻，謝安也有自己的安排。他自己坐鎮建康，他弟弟謝石被任命爲征討大都督，謝玄擔任前鋒都督，率領八萬兵馬前往江北，將軍胡彬率領五千人馬到壽陽配合作戰。雖然謝玄本身非常勇猛，可是面對十倍於自己兵馬的前秦部隊，還是不免有點緊張臉紅，於是在出發之前跑去謝安家裡面求教。

謝玄：「前秦部隊那麼多，我們應該怎麼應對呢？」

謝安：「我已經有安排了。」

謝玄：「……」

謝安：「……」

謝玄：「……」

謝安：「……你幹嘛盯著我的皺紋看？你到我這個歲數也會有的。」

謝玄：「沒事，沒事，我閃了先。」

謝玄本以爲謝安會給他點提示，卻不想謝安只是自顧自的看笑話書，根本連看都不看他一眼。謝玄還是有點放心不下，第二天又讓他的朋友張玄去謝安家裡面打探點消息。

張玄：「呃……謝玄比較緊張，他想讓你給點提示什麼的……」

謝安：「來的，正好，好久沒跟你下棋了，我們賭一盤如何？」

張玄：「賭博？不好吧……？是謝玄讓我來……」

謝安：「就賭各自的房子。」

結果張玄什麼都沒有問出來，反倒輸掉了一幢房子，非常淒涼。

前秦部隊因爲兵馬多，所以行軍的時候部隊拉得很長，先頭部隊已經到達淮河北岸了，後面的人才剛剛上馬準備出發——就像食堂裡的老白菜一樣，前半截已經到胃裡了，後半截還在碗裡一樣。苻堅非常著急，在大部隊還沒有到齊的時候就讓苻融進攻壽陽。壽陽是個軍事重鎮，東晉將軍胡彬帶著人馬一路奔跑就是爲了去增援壽陽的，結果半路上他們就得到了壽陽已被敵軍佔領的消息了。無奈之下胡彬只得退守硤石。

苻融立刻派手下梁成率領五萬人馬佔領了西邊的洛澗，這樣一來就截斷了胡彬水軍的退路，也阻擋了從東邊來的東晉救兵。他自己則帶著部隊去攻打硤石。謝石和謝玄帶著八萬部隊前往救援硤石，走到離洛澗二十五公里的地方，看到梁成的部隊嚴陣以待，磨刀霍霍，便沒有敢貿然前進。而被困在硤石的胡彬部隊，糧草已經吃光了，情況非常不妙。

胡彬寫了一封信給謝石：「敵人來勢兇猛，我們的糧草又吃光光了，看來今生沒法再見面了。最不甘心的就是我要做一個餓死鬼了……」。然後派了他手下中跑得最快的人去給謝石送信。卻不料因為這個人好幾天沒吃過一頓飽飯了，根本就跑不了多快，而且因為他特別愛乾淨，喜歡穿白色的衣服，在夜幕之下就顯得非常明顯，剛剛出現在前秦部隊的守區的時候就被人發現了。被人發現之後他又急中生智，將舌頭伸出來，平舉兩隻手臂，一跳一跳的前進，邊跳便說：「我是鬼，我是鬼……」

秦軍：「我什麼都怕，就是不怕鬼。」說完就衝上來用棍子打了這個送信人一頓。信自然就落到了苻融的手中。苻融看完信，大喜過望，立刻派人快馬加鞭給苻堅去送信。

信使：「苻融將軍派我來給您送信。」

苻堅：「給我吧……」

信使：「沒辦法給你。」

苻堅：「……什麼意思？不要玩了，快點把信交給我，貽誤了軍機你擔當得起麼？」

信使：「真的沒辦法給你，他讓我送的是口信。」

苻堅：「……好，你說吧，說完後你就可以去死了。」

信使：「他說，敵人兵馬不多，很容易對付。只是不能貽誤軍機讓他們給跑了。」

苻堅將主力部隊留在項城，自己帶著八千名輕騎兵趕往壽陽同苻融會合。到壽陽他們兩人一合計，覺得東晉部隊現在已經怕了前秦軍了，只需要派人去東晉軍那邊去勸降，指不定就可以不戰而勝了。

卻不料，他們所派非人。他們派去的使者名叫朱序，本來就是東晉的人，曾經還帶領著部隊和前秦軍打過仗，被俘虜之後，苻堅發現他持家有道，冰雪聰慧，便任命他為前秦的財政部長。朱序雖然人在前秦，心卻一直在東晉。他決定這次要幫東晉的忙。

朱序：「人馬真多啊……」

謝石：「什麼人馬真多？你是說我們還是前秦部隊？」

朱序：「不過還沒有到齊……」

謝玄：「什麼意思？」

朱序：「等到齊了，就沒救了……」

謝玄：「來人，替這個人測下體溫。」

朱序：「靠，測你個頭。我這是在暗中提醒你，前秦這次來的人很多，不過還沒有到齊，如果他們到齊的話就很難對付了。非要讓我明說出來，我現在的身分是前秦派來的使者。」

謝玄：「這麼說你是向著我們了？你願意當我們的間諜？」

朱序：「相比而言，我還是喜歡『內鬼』這個稱呼多一點。」

謝玄：「內鬼不可輕易使用，等我們和前秦部隊的主力軍決戰的時候你再伺機而動吧！」

朱序：「收到！」

謝石和謝玄經過一番仔細的研究，決定先攻擊洛澗的部隊，因爲那裡的人馬稍微少一點。首先出馬的就是劉牢之率領的北府兵了。劉牢之率領著五千人馬猛虎下山般的強渡洛澗，一陣廝殺之後前秦部隊敗退。很多士兵逃無可逃只得跳進水裡面去。

士兵甲：「哎呀，忘了一件大事了。」

士兵乙：「什麼事？是不是壓在床板下面的花花公子忘帶了？」

士兵甲：「我忘了我不會游泳了……」

士兵乙：「你這麼一說我倒想起來了，我也不會游泳。」

咕嚕嚕一陣之後，大部分士兵沈入了水底。

洛澗一戰的勝利極大的鼓舞了東晉軍的士氣。謝石和謝玄命劉牢之帶兵去救援硤石，他們兩個指揮大軍渡過洛澗，在離壽陽只有四里地的淝水東岸安營紮寨下來，同住在壽陽的前秦部隊隔河相望。

苻堅收到洛澗兵敗的消息之後大吃一驚。又聽說東晉部隊在河對岸駐紮了下來，連忙帶著苻融登上城樓去觀察敵情。卻見對面一片黑壓壓的東西搖來晃去。

苻堅：「你不是說東晉軍沒有多少麼？怎麼滿山遍野都是？」

苻融：「滿山遍野都是？我怎麼沒看到？」

苻堅：「那邊，那邊，還有那～～邊，黑壓壓的動來動去的都是，還說沒有。」

苻融：「黑壓壓的那些是樹和木耳啊皇上。」

苻堅：「還想騙我……」

苻堅不知道，其實自己是個近視眼外加色盲。他將漫山遍野的樹林當成了晉軍之後嚇得膽戰心驚，下令前秦軍隊嚴密防守，不准輕易出擊。

卻說東晉軍那邊。謝石和謝玄都了解，這樣隔河眺望下去根本不是辦法。如果等前秦軍隊全部到齊的話就難以對付了。對東晉軍來說，最好的辦法就是速戰速決。於是他們給苻融寫了一封信命人送到了對岸，信是這麼說的：「這樣隔著河看下去對雙方的眼睛都不好，不如你們稍微往後退一下，給我們騰點上岸的地方，等我們渡河過去，然後我們決一死戰，那該是多麼痛快的一件事啊。」

苻堅：「是啊，那是多麼痛快的一件事呢？讓他們過來吧！」

苻融：「不行啊皇上，我們應該堅守不出，等所有的人馬到齊之後再說。」

梁成：「千萬別上了他們的當了皇上。」

苻堅：「你們都以爲我是豬啊，其實我精得跟猴一樣。我們先假裝給他們騰點地方，騙他們渡河，等他們到河中央的時候再忽然轉頭去一陣亂砍。可憐東晉軍，在河水裡面進退不得，叫天天不應，叫地地不靈，只能站在那裡被我們蹂躪，哈哈哈……」

苻融於是派人去見謝石，約定了渡河的時間。時間一到，苻融便在苻堅命令之下帶著部隊後退了。

士兵甲從睡夢中被人叫醒：「啊，要撤退回家啦，太好了！」

士兵乙：「是啊是啊，快收拾東西走吧！」

士兵甲：「說實話，這仗我早就不想打了，我們拚命，他們得好處，憑什麼！」

士兵乙：「有道理。」

前秦部隊的士兵懷著滿腔對家人的思念，跟著大部隊往回奔跑。

苻融對身邊的副將說：「打衝鋒的時候怎麼沒見這些人跑得這麼快。告訴他們等會還要回頭打敵人呢，別跑得太遠了，不然會很累的。」

副將大喊道：「大家別跑得太遠了，我們這不是要撤退回家，而是騙敵人過河，等會還要回頭打敵人呢。」

士兵甲：「靠，這不是在玩我們麼？假裝沒聽見，繼續跑。」

士兵乙：「我沒聽見，我沒聽見，我什麼都沒聽見……」

眼見謝玄已經帶著部隊渡過淝水登上岸了，苻融還是沒能將假裝撤退的部隊叫回頭。就在這時內鬼朱序站在高處使出千里傳音大法喊道：「秦軍失敗啦，秦軍失敗啦！」前秦部隊的士兵撤退得更加爭先恐後了，苻融忙站在部隊前面張開雙臂想攔住撤退的士兵，卻被衝上來的人流哄倒在地上，身上還被踩了無數腳，還沒有來得及爬起來，就被衝上來的東晉軍一刀砍死了。

苻堅見情況不對，跨上一匹馬就要逃跑。被身後追來的箭插中了肩膀，忍著劇痛，肩膀上插著箭一路狂奔，一直跑到淮北，才停下來將那根該死的箭拔了出來。

再說淝水岸上，大規模的東晉軍喊聲震地的殺了過來，前秦軍只剩下逃跑的心思。因為天氣寒冷，腿都不太聽使喚，加之人馬太多，被擠倒踩死的士兵不計其數。前秦軍被嚇破了膽，出現了幻聽的症狀。逃跑的路上聽到風聲、狗叫聲、南極仙翁經過的聲音，都以為是東晉軍的衝殺聲。嚇得只知道往前跑，一刻都不敢休息。這樣一來，又有很多士兵被累吐血而倒地身亡。他們翻山越嶺，跋山涉水，一路跑回了洛陽。苻堅點了一下人頭，帶出去的百萬大軍，只回來了十幾萬，而且基本上都身負重傷。

而出發之前呼聲最高的鮮卑人慕容垂和羌人姚萇手下的部隊卻絲毫沒有損傷，因爲他們從洛陽一出發就躲在一座大山裡頭睡覺去了。見苻堅已經沒什麼兵力了，他們立刻反叛了前秦，分別建立了後燕和後秦。苻堅也被姚萇所殺。統一起來不久的北方又重新陷入了分裂的局面。

韓冬・Say

・胸有成竹是建立在對事實分析的基礎上的。一旦對一件事情你已經想好了解決之道，那就按部就班的一步一步進行，切勿表現得驚慌失措，風風火火。穩重不但讓別人信得過你，也會讓你自己自信滿滿。謝玄和謝安便是鮮明的對比。

・計謀有時不但成不了事，還會壞事。計策實施之前應該將所有出現的可能性計劃在內，任何一個看似可以助你取得成功的輕率的決定，都可能斷送你的前程。知己知彼，百戰百勝。苻堅便被自己「英明」的計謀給弄死了。

・內鬼是一份很可能遭致敵我兩方記恨的職業，因為一般人都看不起兩面三刀的人。決定做內鬼前最好想想清楚。

凍感冒敵軍將領法

儘管北府兵特別能打，但是在戰場這樣什麼意外都可能發生的地方，還是會有很多損傷。在淝水之戰中，因爲上馬的時候踩空而摔斷腿；被敵人閉著眼睛射過來的亂箭插中；打衝鋒的時候踩到釘子紮破腳；爲了趕時間狼吞虎咽的吃飯被噎到……而受傷或者丟掉性命的人爲數不少。北府兵的老大劉牢之爲了補充損傷的兵力，在社會上公開招聘北府兵成員。不過不是隨便一個人都能成爲一名光榮的北府兵的，這個人必須要身材偉岸，這樣才不至於比敵人矮而產生自卑感；還要濃眉大眼，這樣才會具有威懾力，而且眼睛大的人必定比眼睛小的人視線寬廣一點；還要力氣很大，至少要能夠舉起一個人來——不管這個人有多肥壯……

一個青年站在招聘廣告前看著這些要求問道：「你們這是招兵還是招男公關啊？」

劉牢之剛想發怒，擡起頭來便看到了一個儀表堂堂，身材偉岸，背上還背著一把刀表明他武功不錯的男子，立刻就喜歡上了他。

劉牢之：「你叫什麼名字？」

男青年：「我叫劉裕。」

劉牢之：「好，好名字。」

劉裕：「這個名字很好麼？我怎麼沒聽人說過。」

劉牢之：「因爲和我的姓相同，所以很好。你願意參加北府兵，成爲光榮的北府兵成員之一麼？」

劉裕：「聽說北府兵伙食好，待遇也很不錯，是不是真的。」

劉牢之：「在所有部隊裡面，北府兵是最好的。」

劉裕：「最近不會打仗吧？」

劉牢之：「我保證不會。」

劉裕於是在參軍志願書上簽下了自己的名字。他的名字剛剛寫好，劉牢之就得到了上面的命令，要他帶著部隊前去鎮壓起義軍。

劉牢之：「好了，去領套盔甲穿好後跟我上戰場吧。」

劉裕：「……你剛剛不是說保證不會有戰爭麼？」

劉牢之指著天說：「你看天。」

劉裕擡頭看了半天，除了一朵棉花糖，什麼也沒看到。

劉牢之：「天有不測風雲嘛！」

劉裕：「至少要訓練一下吧？」

劉牢之：「沒時間啦，快走吧！」

雖然劉裕有點懼怕戰爭，但是上了戰場整個人卻完全變了，他揮舞著大刀衝在最前面，虎虎生風的亂砍，加上他威嚴的眉毛和眼睛，敵人還沒有和他交手已經開始發抖了。因爲他表現出眾，劉牢之封他做了一個小軍官。有次劉裕和起義軍對壘，兩軍的營寨相隔只有幾里遠。在一個非常寒冷的夜晚，劉裕派一個身材非常靈活的手下去潛入敵軍營寨。

手下：「去了之後，我幹什麼呢？」

劉裕：「拿耳朵過來。」

他對著手下耳語一番，手下的臉上漸漸呈現出不可思議的表情。

手下：「啊……這樣做又是爲了什麼呢？」

劉裕：「我自有我主張。」

這個手下穿著夜行衣，帶著蒙面，趁這夜色悄悄的潛入了敵營。找到敵軍首領的營房後鑽了進去。進去之後，他既沒有拔刀砍敵軍首領的頭，也沒有乘他熟睡非禮他，也沒有打開汽油桶澆汽油，而只是悄悄走上前去將敵軍首領蓋的被子掀開到一旁。然後他就秘密的潛回了自家

營寨之中。

劉裕：「事情辦妥了沒？」

手下：「妥了，不過我還是不明白這樣做有什麼意義。」

劉裕意味深長的笑道：「明天你就明白了。」

第二天天一亮，劉裕就帶著兵馬前去敵營前面挑戰。敵軍首領也帶著手下衝將出來。雙方士兵排好隊，擺好陣後都暗自憋著勁等著各自的老大喊：「衝啊，殺啊……」

他們真的喊了，不過劉裕的聲音既洪亮又有穿透力，北府兵們聽得熱血沸騰。而對方首領努力喊了好幾次都沒有喊出聲來，因為他昨晚感冒了，對方士兵見主將表現這麼差，頓時鬥志全無。劉裕一馬當先，帶著部隊衝殺過去，起義軍大敗而逃。這一仗讓劉裕名聲大振。

此後也有一些將領模仿過劉裕的這個做法，可是都失敗了，不是派去的人被敵軍發現了，就是第二天對方的將領依舊聲如洪鐘。韓冬友情提醒：要想讓這個方法——我們暫且稱之為凍感冒敵軍將領法——奏效，以下幾個條件必不可少：第一，一定要選擇天氣寒冷的冬夜實施這一陰謀；第二，派去的人一定要身手敏捷；第三，對方將領必須是一個睡覺很沈的人，最好是有人替他洗了頭換了乾淨衣服他都醒不來的那種；第四，對方將領必須患有習慣性的扁桃腺發炎。

西元四〇二年，荊州刺史桓玄發動了軍事政變，帶領著部隊從江陵出發前來攻打建康。東晉皇帝派北府兵出馬抵抗，以北府兵的驍勇善戰，如果抵抗的話至少應該能撐一陣子，卻不料劉牢之帶著兵馬出門後，逕自去投降了桓玄。如此一來桓玄很快就拿下了建康，奪取了政權。他稱帝之後建立了楚政權，不久之後便殺了劉牢之。劉牢之是北府兵的老大，桓玄此舉引起了北府兵們的不滿。剛正不阿的劉牢之怎麼會投降叛軍呢？據說事情是這樣的，桓玄從某處請來了一個術士，這個術士修練成功了能夠暫時控制人的思想的移魂大法。術士對劉牢之實施了移魂大法，所以劉牢之直接帶著部隊投奔到了桓玄的懷抱之中。三天之後他清醒了過來。

劉牢之：「怎麼回事，發生了什麼事情？」

手下：「老大你帶著我們投降了桓玄啊，你忘了？」

劉牢之：「不可能，不可能……這一定是幻覺……」

手下：「桓玄已經當了皇帝啦！」

劉牢之不顧手下的阻攔，堅決要去找桓玄拚命，於是桓玄殺了他。

桓玄這個人非常無聊，他非常喜歡挑人的小毛病，而且挑了小毛病之後會揪著不放，以下是一些關於他的記錄：

1、他發現一個老臣的扣子沒有扣好，不但在朝廷之上大肆辱罵那個老臣說他賣弄風騷，品格低下，而且罰那個老臣從此之後不准穿有扣子的衣服，只准穿肚兜上朝。不久之後那個老臣就羞辱而死了。

2、他在披閱奏摺的時候發現一個大臣寫錯了一個字。便在朝廷之上罵這個大臣沒有文化，並罰那個大臣將寫錯的那個字抄寫三千遍，因爲那是一個比劃非常多的繁體字，這個大臣抄完三千遍之後眼睛近視了，右手也徹底的廢了，只得告老還鄉。

3、某一日他發現一個大臣穿著黑色的皮鞋白色的襪子，而褲子又非常短。桓玄便當著眾大臣的面罵這個大臣沒有品味。從此之後這位大臣每天上朝都要先捲起褲管向諸位大臣展覽自己的襪子。

因爲他是這個德行，朝中的大臣們整天人心惶惶，對他也非常不滿。

劉裕把這一切都看在眼裡。他暗中聯絡了以前北府兵的軍官劉毅、何無忌等，準備起兵推翻桓玄。西元四〇四年，劉裕率領兵馬從京口出發，殺向建康。桓玄連忙派兵去迎戰，被劉裕打得落花流水。桓玄見劉裕軍來勢洶洶，失去了抵抗的勇氣，便隻身跑到了荆州。他在荆州聚集了一大隊人馬，準備進行絕地反攻，結果又被劉裕打敗。桓玄逃往四川，在四川他被那個因爲寫了個錯別字而被他整得死去活來的大臣所殺。劉裕便掌握了東晉的大權。

劉裕本想自己當皇帝的，可是又怕他資歷不夠，大臣們不擁護他，只得暫時打消這個念頭，準備北伐以提高自己的名望。他首選的進攻對象是南燕。因爲南燕國王慕容超經常派部隊騷擾東晉北部的邊境，搶奪青壯年男子和青少年女性，還打劫人民群眾的財物，所以他這次北伐得到了人民群眾廣泛的支持。

西元四〇九年，一切都準備好後，劉裕親自率領部隊從建康出發了。很快他就攻下南燕的琅邪。慕容超的部隊派出去打劫打劫人民群眾還可以，打起仗來就頂不住了。他只得派人去向後秦求救。而此刻的後秦正在忙著跟夏國交戰，而且吃了不少敗仗，連自己都還顧不過來。後秦國王對慕容超派來的使者說：「回去告訴你們老大，我正忙著，沒時間。」

一個大臣站出來說：「大王，不能這樣搞的。後燕和後秦是嘴唇和牙齒的關係，如果後燕被東晉滅了的話，下一個輪到的就是我們了。」

正在研究地圖的後秦國王姚興站起來拔出掛在腰上的刀遞給那位大臣，說：「好，既然你這麼說，那一個人你就拿著這把刀去支援後燕吧。」

大臣：「啊……就我一個人去？」

姚興：「是啊，你不是很行麼？」

大臣：「我並沒有說要大王你派兵去救援後燕啊。你只需要寫封信給劉裕，告訴他如果他再敢前進一步的話我們就出兵砍他就行了。反正劉裕也不知道我們現在的境況。」

姚興想了想覺得很有道理，於是就寫了一封信交給了慕容超派來的使者，信上說：「慕容氏是我的親戚，你扁他就是不給我面子。如果你膽敢再向前一步的話，我們後秦絕對不會袖手旁觀的。我們已經準備了十萬兵馬在洛陽等著隨時出動了。你們再不撤退的話，我們就衝過來了。」

劉裕看完信後將信拍到桌子上說：「我靠，當我是嚇大的啊？回去告訴你們老大姚興，本來我這次出來只打算消滅燕國的，既然他現在連迎接我的兵馬都準備好了，那我就連你們一起滅了。」

劉裕的後勤總監劉穆之聽說這件事後，急忙從後方騎馬趕來，本想能攔住後秦派來的使者，以免他帶話回去後激怒姚興的，可是沒想到那個使者的腳程那麼快，出門之後轉眼之間就不見了蹤影。

劉穆之：「你跟那個使者說了什麼？」

劉裕：「就在上文不遠的地方，你自己看一下。」

劉穆之回頭找上文，看完後大吃一驚：「如果姚興真的派十萬兵馬來幫後燕的忙，那我們怎麼辦？」

劉裕：「看來你的擅長真的只是籌集和運送糧草了，用兵之道你是不懂的。如果他真的想要救後燕，就會悄悄的集合部隊，悄悄的行軍前來同我們作戰了，就像羞答答的玫瑰靜悄悄的開一樣。怎麼可能提前通知我們呢？」

劉穆之：「我是說如果。」

劉裕：「沒有這個如果。他這樣做只是想嚇唬我而已。其實他們的情況我早就了解了，就一個夏國已經弄得他們焦頭爛額了，哈哈。」

劉穆之：「如果呢？」

劉裕：「都說了，沒有這個如果！」

劉穆之：「如果呢……」

果然沒有劉穆之所說的如果，使者將劉裕的口信含在嘴裡帶回去告訴姚興後，雖然姚興非常氣憤，但卻也無可奈何。不久時候，南燕就被劉裕給滅了。

西元四一二年，後秦國王姚興病死了，他兒子姚泓繼位。姚泓的兄弟們都不服氣，有的說姚泓比他矮，還有的說要姚泓沒有他認的字多，也有說姚泓沒他帥的，最過分的就是最小的那個兄弟了，他竟然說姚泓尿尿沒有他尿的遠，皇上應該由他來當。在同一時期後秦的身後有兩個國家崛了起來，一個是赫連勃勃建立的夏國，佔有現在的陝西、寧夏一帶的地盤；另一個是鮮卑拓跋氏家族建立起來的北魏，盤踞在現在的山西、河北一帶。他們都想著擴大地盤，而後秦佔有的地盤被他們共同看上了。如此一來，後秦內有爭亂，外有強敵，劉裕覺得此刻進攻後

秦是最佳時機了，於是在西元四一六年八月，再次北伐，這次的目標是後秦。

劉裕將人馬分成五路，第一路由新野太守朱超石率領，攻打陽城；第二路由王鎮惡、檀道濟率領，攻打許昌和洛陽；第三路由沈田子率領，攻打武關；第四路是沈林之率領的水兵，從汴水入黃河；最慘的就是第五路，人馬是由王仲德率領的，他們是水兵，就是坐船的那種，可是他們的路線上都沒有河，只有扛著船邊走邊挖河了。五路部隊進展都很順利，一路都是打著勝仗前進的。其中尤其突出的是王鎮惡軍團，他們一路打得非常威風，以至於到達洛陽的時候，後秦的洛陽守軍直接出城投降了。

第二年初，劉裕率領水兵沿著王仲德挖開的河道進入黃河。一上岸就能上到北魏境內了，這種情況讓北魏有點難受。北魏國君召集大臣們開會商議應該如何應對劉裕。

大臣甲：「這個還用商量麼？他們進入了我們的水域，我們當然應該派兵去做掉他們了。」

大臣乙：「話不能這麼說，他們這次北伐的目標是後秦，我們應該坐山觀虎鬥，何必要去騷擾他們呢？」

大臣甲：「他們一上岸就上到我們國境之內了。難道就這樣眼睜睜的給人上而不反抗麼？」

大臣乙：「他們也知道這其中的利害關係的，不會隨便上我們的。」

北魏國君：「好了好了，怎麼聽你們兩個不像是在討論國家大事，倒是在討論低級趣味的事情呢。這樣吧，我們不阻攔他們，但也不能不防備他們，在黃河沿岸布上兵馬靜觀吧……」

於是北魏在黃河岸邊佈置了十萬軍馬。兵和馬靜靜的守護在岸邊，看著劉裕的船隊經過。

就在他們看著沿岸黑壓壓的北魏軍戰戰兢兢的前進的時候，河面上忽然吹起了猛烈的北風，劉裕手下的一隻船把持不住，被吹向北魏軍的窩裡面。北魏軍便群起而攻之，等他們散開之後，就見到船上的人和物品都不見了，而船也只剩下一個空架子了。就在這時又有一隻船失去了控制，向北岸飄去。

船上的士兵大喊：「不要過去……不要過去……」後來他的喊聲又變成了「不要過來……不要過來……啊……」

慘烈的故事又上演了一次。劉裕忍無可忍，派了水軍登上岸去攻打北魏軍，他們一上岸北魏軍就跑了。他們一下水，北魏軍又回來了。他們接著再上岸，北魏軍又跑了。他們還是一下水，北魏軍又轉回來了。他們……

一個聲音：「韓冬，不要這樣占字數了吧。」

韓冬：「收到，那看來我只能用『總之』一次了。」

總之，北魏軍就這樣逗著他們玩，搞得他們來回奔波，忙得就像天快要下雨時候的螞蟻一樣。看來不搞定北魏軍，是沒有辦法順利行軍了。

劉裕當即派了手下最得力的部隊，登上黃河北岸，在那裡擺了一個「卻月陣」，顧名思義，這個陣是一個月亮的形狀，而且肯定不是十五的月亮，如果是十五的月亮的話就應該叫做「滿月陣」了，所以它是一輪彎彎的月亮，處在陣兩頭的人背靠著黃河站在岸邊，中間鼓出一個大圓球。少數民族人不知道漢人陣法的精妙和暗藏殺機，只道劉裕是在故弄玄虛。北魏兵組織了三萬人馬，大叫著向處在陣最頂端的晉軍沖去。就要靠近月弓的時候處在月弓上的晉軍忽然大叫：「等等，這個陣的戰鬥力不在我們身上，而在我們背後。look！」

就在北魏軍一愣的時候，他們已經閃到一邊去了。露出來的是藏在他們背後的大弓，那些弓都有一人多高，而且不是由人來拉開的，而是用馬拉的，弓弦上搭的也不是普通的箭，而是鋒利的長矛。每張弓旁邊都站著一個晉軍，見北魏軍已經到了眼前，他們忽然從背後拿出一個錘子，用力一敲面前的弓，長矛就射了出去。最慘的還是北魏軍的隊伍前後排得非常整齊，射出去的長矛便洞穿兩三個人的身體而過。那麼長的鐵棍子，上面穿著那麼大塊的肉，就連新疆的烤羊肉都沒辦法與之相媲美。

北魏軍被這突如其來的變故嚇到了，紛紛扔了武器到處逃竄。晉軍立刻出動兵馬全線追擊，殺了很多跑得比較慢的北魏軍。

北魏軍沒有敢再來騷擾劉裕部隊，他們順利西行。到達潼關的時候，王鎮惡已經攻佔了那裡，在關外等著他們了。兩軍會師之後，劉裕又對接下來的攻擊路線進行了重新的部署，將人馬分成了兩路，一路包抄長安後路；一路直接進攻長安。

姚泓對大臣們說：「打架的時候最怕的是什麼？是被人從背後拍黑磚。打仗也是一樣。所以我們應該先對付前來包抄長安後路的東晉軍，以免他們從背後黑我們。」

他親自帶著部隊去對付包抄長安的那路東晉軍，結果被人以少勝多，打得落花流水。等他逃回長安的時候，正面進攻的那路部隊也到長安城外了，姚泓倉促迎戰，又一次大敗，後秦就此滅亡。

劉裕大搖大擺的進入了長安城內。他打算乘勝繼續前進，平定隴右，從一個勝利走向另一個勝利。就在這個時候噩耗傳來了，他的最得力的助手，史上著名的後勤官劉穆之因為長期和重要軍需物資——雞接觸而感染了禽流感，病死了。劉裕慌了神，一方面他怕往後糧草運送不上，另一方面怕朝中沒有他的人，有人會乘機奪權。於是將自己十二歲大的兒子劉義真留在長安做安西將軍，他自己則騎著快馬返回了建康。劉義真並不是神童，智商也沒有提前發育，所以不久之後，他們打下的關中地區就被赫連勃勃給搶走了。

回建康後劉裕被封為相國，他當然不滿足一人之下萬人之上了，他想要的是一萬零一人之上。於是他在四一八年底，將晉安帝司馬德宗用網線勒死。讓司馬德宗的弟弟司馬德文當上了皇帝。一年之後又派人去逼著司馬德文將皇位禪讓給了他。西元四二〇年，劉裕正式稱帝，建立宋帝國。

韓冬．Say

．行事謹慎是優點，太過謹慎就是缺點了。對方本來羸弱，卻往往會用鹽水袋、注入脂肪等手段假裝雄偉，目的就是為了嚇唬你，讓你失去機會。這個時候仔細分析，其實是可以看出對方的馬腳的。劉裕不愧是個聰明人，一眼就看出了後秦的破綻。

．在單位人事方面，事不關己高高掛起是不錯的解決之道。不過不能總是掛起，有時表面上這件事不是針對你的，可接下來輪到的可能就是你了。這個時候你就需要早作打算，早作行動了。北魏大臣甲的話很有道理，如果北魏不是做了準備的話，也便被劉裕順道滅了。

．被拍黑磚或放冷箭是非常危險的，打架、打仗、打混都是如此，一定要在背後多長個心眼。

Q版資治通鑑
南北朝

皇上，你吃了嗎

北魏的第七任皇帝名叫拓跋宏，史稱孝文帝。他繼位的時候只有四歲多，連上幼稚園大班都不夠年齡。當時的北魏政治非常混亂，貴族和地主們大肆霸佔土地，奴役人民，加之蝗災、水災、火災連年不斷，而且不時的還有外星人進攻地球，人民群眾生活在水深火熱之中，經常發出生不如死的感歎，農民起義也此起彼伏一波連著一波。擺在北魏朝廷面前的只有兩條路：一是改革，一是滅亡。然而對於年僅四歲的拓跋宏來說，讓他發動一場全國範圍內的改革，的確是有點爲難他了。好在他的祖母馮太后是個非常能幹的女人，在她的操持下，北魏進行了一系列重大的改革。此次改革的主要內容有以下幾個方面：

一、實行均田制度

制度規定，所有十五歲以上的男人都可以分到四十畝田地。而女子則只可以分到二十畝的田地，因爲分得太多她們也種不動，還得麻煩男人們去幹。此外還給每個男子分種了桑樹的土

地二十畝，以便他們可以養蠶和採桑葚給女子吃以便討好女子。考慮到有的男子會害怕無脊椎類動物，男子們也可以不要二十畝桑田，而改爲要麻田二十畝。麻也是很有用的一種東西，可以用來織布，也可以用來搓成繩子納鞋底或者上吊。分到土地的人必須在死後或者六十歲以後將土地交給國家，除非你活到了六十歲之後，而且還能倒拔起一棵垂楊柳。至於桑田和麻田則不需要歸還給國家，可以世世代代的擁有下去。這樣一來廣大人民就有地可種了，生活也有了保障，更重要的是有錢給國家納稅了。所謂的一舉多得，就是這樣的。

二、實行三長制和新的租調制

北魏剛剛建立起來的時候，實行的是宗主督護制的管理方式，意思就是一塊地方設一個宗主，這個宗主管理這個地方的土地和人民，然後由他向國家交納一定的稅款。這樣一來有些貪婪的宗主就很容易營私舞弊。

三長制的意思是五家設立一個鄰長，五鄰設立一個里長，五里設立一個黨長。如此以來國家就可以直接控制地方基層了。而新的租調制可以讓賦稅變得公平起來，還可以給農民減負。

三、實行俸祿制，治理貪污腐敗

北魏是靠打劫起家的，剛開始的時候每次搶來的戰利品都依照官員級別的高低分贓，這就導致了貪污腐敗橫行。政權穩定了之後，這種做法就顯得有點沒有技術含量了。

實行俸祿制後官員們都成了公務員，只給固定的發工資而不再分贓。此外馮太后還重拳出擊治理貪污腐敗——是真的重拳出擊哦，她規定，官員只要貪污一匹布就要被砍頭。有個官員貪污了一箱黃金，被抓起來後他說：「不是貪污了布才會被砍頭麼？」

馮太后覺得這名官員是在玩弄她，沒有給他解釋就直接砍了他的頭。因爲懲罰非常嚴重，貪污腐敗得到了非常有效的控制。

所有這些改革都有利於國家和人民，而不利於貴族階級們聚斂錢財，所以受到了貴族們的強烈反抗。然而堅強的馮太后怎麼可能因爲有人反抗就停止改革呢？她處決了幾個鬧騰的比較凶的貴族之後，硬是將這些改革實施了起來。北魏的經濟狀況明顯好轉，農民起義也漸漸平服下去。

西元四九〇年的時候馮太后死了，好在馮太后變老的這些年中孝文帝也在正常的發育成長。這年他長到二十三歲了，已經可以擔負起治理國家的重任了。孝文帝從小接受的教育是儒家文化，他已經被徹底的漢化了，他覺得要想北魏的政權能夠穩固，經濟能夠發展，就必須要融入漢族人民群眾中去。北魏自建國以來首都一直在平城，也就是今天的山西大同，孝文帝覺得這個地方太過偏僻，不利於吸收中原文化，也不利於統治中原，他一直想遷都到洛陽去，可

是都受到了大臣們的強烈反對。

孝文帝：「遷都有什麼不好呢？爲什麼你們總是反對？」

老臣：「平城是我們北魏的發源地，怎麼可以說走就走呢？我的祖墳，我的房產，我的老婆，還有……我的情人，都在這個地方，怎麼能離得開呢？」

孝文帝看著這個鬍子眉毛花白的老臣，問道：「你今年貴庚啊老人家？還情人呢！」

老臣：「八十二啊，可是我的心從未老去。」

孝文帝：「平城這個地方夏天熱得要死，冬天又冷得要命，有什麼好的？」

老臣：「熱的時候可以讓人扇扇子，冷的時候就多穿衣服咯。」

孝文帝：「而且這個地方煤礦太多，天上飛的全都是灰塵，很容易得哮喘的。」

老臣：「戴口罩咯。」

孝文帝：「……，煤多的地方很容易著火的。」

老臣：「不管走到那裡，身上都背一個滅火器不就行了。」

孝文帝：「……」

看來靠說是沒有辦法說服他們了，只有想別的辦法了。當時北魏最大的敵人是南方的齊國，齊國時不時的會派兵來騷擾北魏，如果說要討伐北魏大家應該不會反對吧，孝文帝心想。

第二天，他就召開了全部大臣都參加的會議。

孝文帝：「我決定大規模討伐南齊，這次討伐，所有人都要出征。」

眾大臣異口同聲的說：「我反對，我反對！」

孝文帝：「怎麼我說什麼你們都反對，你們能不能說點別的？」

老臣：「好啊，皇上，你吃了嗎？」

孝文帝：「……」

老臣：「你不是讓我說點別的麼？我說了，你又瞪著我幹嘛？」

拓跋澄：「雖然我們北魏這些年是取得了很大的進步，可是現在還不是大興戰事的時候，你怎麼可以這麼輕率的做決定呢？」

孝文帝大怒道：「北魏是我的，我想怎麼樣就怎麼樣，你咬我啊！朝中所有的大臣回去收拾鋪蓋，準備去討伐南齊。」

老臣：「八十二歲的人也要去麼？」

孝文帝：「要去。」

文官：「連馬都上不去的文官也要去麼？」

孝文帝：「全部都要去！」

孝文帝說完就宣佈退朝。就在那個夜晚，他將拓跋澄召進宮裡，商量他的大計。

南北朝・

拓跋澄一進來就大喊道：「今天我有一句話還沒有來得及說你就退朝了，這句話我現在要說出來。雖然北魏是你的，可是我身為北魏的官員，在看到北魏有危險的時候，有責任提醒你。」

孝文帝：「你還真是執著啊……不過我喜歡。其實我並不是真的要去進攻南齊，我是想借此機會遷都。因為平城實在太偏僻了，而且四面都是富含煤礦的高山，在這樣閉塞的地方，根本沒有辦法推行風俗習慣的改革，要想融入漢族，我們就必須到漢族人聚集的地方去。」

拓跋澄：「你是說騙他們走到洛陽去，到時候想不遷都不行了？」

孝文帝：「就是這個意思。」

拓跋澄：「雖然有點陰險，但我堅決支持。」

西元四九三年八月，孝文帝親自帶著三十萬兵馬和大臣們南下，九月底抵達洛陽。孝文帝下令全軍就地修整，那些老臣和文官們何曾走過這麼遠的路，聽到休息的命令後紛紛累得趴到在地上久久站不起來。孝文帝則獨自去查看了洛陽城，做為N朝古都的洛陽城，現在到處是廢墟，曾經有許多皇帝住過的故宮也是一片荒涼破敗的景象。

這個時候下起了連綿的細雨，累癱了的大臣們又被雨淋了一通，痛苦地仰天長歎。孝文帝回來後命令大軍繼續行進，他自己則穿著一身將軍服裝騎著馬走在最前面。道路泥濘難行，衣服又滴滴嗒嗒的滴著水粘在身上，老臣和文官們走一步滑兩步。一個不小心，八十二歲滑倒在地，他躺在泥濘之中睹氣。

老臣：「不走了，我不走了，你們誰願走誰走吧！」

文官：「我也走不動了。皇上，不要南伐了吧，求你了。」

眾大臣一起跪下來請求孝文帝停止南伐，不要再繼續行軍了。孝文帝心中竊喜。臉上卻依舊滿是威嚴之色：「怎麼走了這麼點點路，你們就成這樣了？」

文官：「大家實在走不動了，只要不南伐，不再往前走，別的什麼我們都答應。」

孝文帝：「真的麼？」

眾大臣：「真的，真的……珍珠都沒這麼真！」

孝文帝：「好，如果要我停止南伐的話，你們就要答應把首都遷到洛陽來。正好現在我們就在洛陽附近，可以直接住進去了。」

眾大臣無奈之下，只得同意遷都洛陽。

遷都之後大批的鮮卑人湧入中原。鮮卑人擅長騎馬，他們的衣服也是為騎馬所設計的，而且大部分的鮮卑人不懂漢語，於是出現了很多混亂：

孝文帝規定首都大街上不許騎馬，而鮮卑人不騎馬就覺得非常不習慣。於是有很多鮮卑人

自製了木馬騎在胯下，而走路還是用雙腿走，要的只是一個騎馬的感覺。這樣一來滿街都是假裝騎著木馬蹣跚行走的人，顯得非常滑稽。

而不懂漢語造成的問題就更大了，一個漢族男子和一個鮮卑族女子談戀愛的時候，發生了以下狀況：

男子：「你愛我麼？」

女子：「＃￥＃％……＃◎」

男子：「哦，你是說愛我吧？那我親你一下可以麼？」

女子：「￥％＃！◎＃％……」

男子：「啊，你答應啦？」

男子便欣喜的親了上去，結果迎接他的是一個耳光響亮外加一馬鞭……

因為語言不通的緣故，漢族人和鮮卑族人鮮有談戀愛的，通婚的就更少了。

為了改變這種狀況，孝文帝頒佈了促進漢化的法令，主要規定如下：不准騎木馬上街；所有人改說漢語，考慮到三十歲以上的人比較難改，可以暫緩一下，但是必須在三十五歲前學會說漢語；所有人穿漢族的服裝；鼓勵漢族人和鮮卑族人通婚，如果是不同種族結婚的話政府會發給非常高檔的一輩子都用不完的套套；鼓勵鮮卑族人改用漢姓……

法令頒佈之後，孝文帝帶頭改了姓，原來他姓拓跋，現在改姓元，所以他又叫元宏，自他之後，北魏的皇帝便都姓元了，所以北魏又被稱作元魏。法令的頒佈加上孝文帝的榜樣作用，鮮卑人在很快的時間內就適應了這種改變，北魏的經濟和文化也取得了長足的發展。

韓冬·Say

·我們都是溫文儒雅的人，講究的是以德服人，有些人就是不吃「德」這一套。這個時候就需要強硬一點的手段了，特別是在實行某項改革德時候。馮太后雖為女流之輩，在這一點上做得卻是很好。

·或許你在現在的公司做得很好，可這個很好僅限於薪水能夠按時發放，有幾個不錯的朋友可以聊天，老闆對你也有些器重，還有一個穩定的後院，可事實是所有的一切就僅限於此，如果你是個不安於現狀的人，那就勇敢的出走，轉移吧。暫時可能會失去一些東西，將來你會得到更多的東西——如果你的出走是建立在三思的基礎上的話。事實證明，孝文帝的遷都是英明的。

·習慣是懶惰的結果。只要有決心，任何不利於自己發展的習慣都是可以改正的。

間歇性顏面神經失調症

蕭衍是梁國的開國皇帝。他父親蕭順之曾經和齊國的建立者蕭道成一起南征北戰，爲齊國的建立立下了汗馬功勞。然而他卻沒有得到應有的待遇。蕭道成死後，他的兒子蕭賾繼位，蕭賾怕蕭順之謀反，於是剝奪了他所有的權力，派他去當了個沒什麼實權的管理法律法紀的官，他怕這樣還不保險，後來又讓他去負責婦聯工作，年邁的蕭順之一氣之下吐血而亡。這件事情震動了蕭衍，他決心要在政治上有所成就，爲父親報仇雪恨。所以雖然他在文學上造詣很深，成爲很多少女崇拜的偶像，他卻沒有將太多的精力放在寫作上以誘騙文學女青年，而是時刻準備著在朝廷高層獲得一席之地。

就在這個時候因爲齊國新繼位的皇帝昏庸無能——頭整天昏昏的，才品非常平庸，而且還性無能。握有朝政大權的蕭鸞想要做掉這個皇上，自己當皇帝。在蕭鸞謀權篡位的過程中，蕭衍全心全意的幫助他：替他寫戰鬥檄文造聲勢，給他做飯鋪床扶持他，他累了蕭衍還會給他按摩解困……終於蕭鸞成功地當上了皇帝。當了皇帝之後蕭鸞將蕭道成的子孫殺了個精光，蕭衍的大仇得報。

西元四九七年，已經遷都洛陽而且國家發育得不錯的北魏孝文帝進行了南伐。首先要進攻的是雍州，這時的雍州刺史是曹虎。曹虎非常鄙視蕭鸞謀權篡位的行為，平日裡換了無數個網名在網上辱罵蕭鸞，煽動民眾反對蕭鸞，蕭鸞也非常的想扁他。蕭鸞聽到孝文帝要進攻雍州的消息後非常開心。

蕭衍：「皇上，孝文帝現在要進攻的是我們的領土，你不用開心成這樣吧。」

蕭鸞：「我有開心麼？」

蕭衍：「我剛剛還看見你偷笑了。」

蕭鸞：「我剛剛是間歇性顏面神經失調症犯了。不過曹虎這個傢伙沒事就亂說話，也該有人收拾一下他了。」

蕭衍：「不過讓我們的對手來收拾好像不太合適，萬一人家收拾完順便把地盤也搶了呢？」

蕭鸞：「所以我決定派你去增援曹虎。但是我有一個要求，就是不能增援得讓曹虎打了勝仗。」

蕭衍：「I see,I see……你的意思是說我先在旁邊看著兩虎相鬥，等他們鬥得傷痕累累的時候

我再衝上去。」

蕭鸞：「You are very romantic！」

孝文帝雖然厲害，但曹虎這隻虎也不是咖啡貓。只見額頭上寫著「孝文帝」的那隻虎一上來就猛地撲上去，想要咬額頭上寫著「曹虎」的那隻老虎。曹虎輕輕一躍，孝文帝撲了個空。曹虎忽然轉過身去，臀部朝著孝文帝，然後將像「快使用雙節棍，嘿嘿哈哈」裡面的雙節棍一樣的尾巴掃向孝文帝，孝文帝年事已高，身體靈活已經大不如從前，他躲閃不及，背上重重的挨了一尾巴。他忍著劇痛，向還未轉過身來的曹虎撲上去，兩隻老虎抱在一起打做一團，灰塵就像紅塵一樣的滾滾，觀眾根本看不清兩人搏鬥的經過。但可以聽到灰塵中間不停的傳來撕咬聲和「哎呀」聲。一切漸漸的平靜了下來，灰塵落地之後，觀眾看到了兩隻身受重傷的老虎氣喘吁吁的躺在地上。就在這個時候，蕭衍衝了上來，邊唱著「兩隻老虎，兩隻老虎，跑得快，跑得快，一隻沒有耳朵，一隻沒有尾巴，真奇怪，真奇怪……」，邊收拾戰場。

上面這一段採用了卡通片的描述方式，希望諸位看官喜歡。就這樣蕭衍奪取了雍州刺史的位子，當了雍州刺史之後，他開始暗中招兵買馬，還開了好幾家地下兵工廠製造兵器。於是雍州城內的居民夜晚就經常聽到地底下傳來叮叮噹噹的聲音，他們都以爲那是閻羅王在製造栓人魂魄的鐵鏈子。蕭衍緊盯著首都建康發生的一切，準備隨時衝進去奪取皇位。

兩隻老虎事件發生之後不久，蕭鸞就因爲顏面神經失調到不可調而一命嗚呼了，他兒子蕭寶卷繼位，是爲東昏侯。看這個名字就知道這個一定不是好皇帝了，他不但昏庸無能而且還喜歡沒事亂殺人，搞得朝廷內部人心惶惶，秩序非常混亂。蕭衍加緊了起事的準備。而此時東昏侯對蕭衍的行動也已有所察覺，他決定在蕭衍還沒有造反之前將他扼殺在搖籃之中。不久之後，就殺了住在建業的蕭衍的哥哥蕭懿，並且還準備發兵攻打雍州，一舉消滅蕭衍。

蕭懿被殺，讓蕭衍有了起兵的理由。蕭衍立刻召集他手下的謀士們開會商討起兵的具體事宜。謀士們認爲，要想能攻進建康，就必須先拿下荆州，因爲荆州是大軍行進的必經之路。

蕭衍：「因爲荆州自古以來就是軍事重地，所以那裡的防禦工事一直修建得固若金湯，而且防守也很嚴密。有沒有不經過荆州可以去攻打建康的辦法呢？」

謀士：「其實也不是沒有。你可以帶著兵馬一直向南一直向南走，走到南極圈，然後繼續接著往南走，因爲地球是圓的，你繞地球一圈之後就可以回到雍州了，而事實上你的目標是建業，根本不用繞地球一圈，我算算看……建業離雍州多遠？」

蕭衍：「兩三百里吧大概。」

謀士：「那就沒錯了，繞地球一圈的路程減去兩三百里就是你要走的路了。」

蕭衍：「是不是很遠？」

謀士：「遠到你難以想像。」

蕭衍：「那還是拿下荊州先吧……」

而東昏侯雖然頭很昏，卻也認識到了荊州的重要性。他派了非常厲害的劉山陽兵團去荊州和荊州刺史蕭穎胄會合，兩人一起攻打雍州。蕭穎胄是個比較中庸的人，他既不說反對蕭衍，也不說支持蕭衍，讓人不知道他要怎麼樣蕭衍。蕭衍覺得他有拉攏腐蝕過來的可能，於是派了手下王天虎去荊州送信。

蕭穎胄：「天虎，你拉的這一馬車鼓鼓囊囊的是什麼東東？」

王天虎：「信！」

蕭穎胄：「信？這麼多信？」

王天虎：「是啊，你和你的手下們一人一封，蕭衍足足寫了一個多星期。」

蕭衍送給蕭穎胄及其手下的信上是這麼說的：「東昏侯這次派劉山陽來並不只是爲了攻打雍州的，而且還要攻打荊州，因爲東昏侯對蕭穎胄也不相信了。」

蕭穎胄：「你晃點我的吧天虎。」

王天虎：「我是你妹夫耶，怎麼可能晃點你，如果我晃點了你，你告訴你妹妹，她不讓我上床怎麼辦？」

就在蕭穎胄半信半疑的時候，蕭衍又寫了信派王天虎送去。王天虎剛一出門，蕭衍的臉上就露出了神秘的微笑。

謀士：「你剛剛那個笑……」

蕭衍：「是不是很淫蕩啊？」

謀士：「有點……什麼事讓你那麼開心啊？」

蕭衍：「因為荊州就快要歸我們啦。這次我只寫了一封信，讓王天虎送給蕭穎胄。信上我什麼都沒寫，也沒有告訴王天虎怎麼說，到時候蕭穎胄肯定要和王天虎合計半天……」

謀士：「不明白。」

蕭衍：「那就和讀者一起看下文咯。」

王天虎扛著那封信風塵僕僕的到達荊州。他將信交給蕭穎胄的時候，蕭穎胄的手下們都在坐。蕭穎胄打開信一看，上面只寫著一首詩：「洛陽女兒名莫愁……」

蕭穎胄：「天虎，這是什麼意思呢？」

王天虎也不明白是什麼意思，半天說不出個所以然來。在場的人都覺得蕭穎胄和王天虎之

間一定有不可告人的秘密。加上王天虎有一緊張就喜歡眨眼睛的習慣，在場的人更覺得蕭穎冑肯定是和王天虎共同在隱藏真相的。

就有人將這個消息立刻去告訴了即將到達荊州的劉山陽，劉山陽怕蕭穎冑真的已經暗中歸順了蕭衍，如果這樣進入荊州的話，無異於自投羅網。於是他便在荊州城外彷徨、徘徊了十多天。蕭穎冑無奈，只得歸順了蕭衍。

擁有了雍州和荊州兩地區之後，蕭衍的實力大大增加了。準備了半年之後他帶著兵馬大舉進攻建康。一路屢戰屢勝，很快就打到了建康城下。城內的群眾早就想推翻蕭寶卷了，他們打開城門迎接蕭衍進了建康城。西元五〇二年，蕭衍逼當時的齊國皇帝齊和帝將帝位禪讓給了他。終於他當上了皇帝，建立了梁國。

蕭衍在剛剛當了皇帝的時候工作非常認真，也沒什麼怪毛病。在他的治理之下，梁國經濟迅速發展，國家繁榮安定。可是他年紀大了之後就變了，雖然表面上他依舊嚴格約束自己，即便是最熱的天氣，他也穿得整整齊齊，寧願整天擦痱子粉，也從不穿跨欄背心，更不會袒胸露乳，可事實上，他的思想還有他的內心都改變了。剛開始的時候他篤信道教，後來他看到很多道友雖然髮髻高綰，但上面滿是很大顆的頭皮屑，便改信了光頭磊落的佛教。因爲做絲要犧牲很多蠶的性命，他堅決不穿絲綢衣服，而一個雞蛋就是一隻小雞，他也堅決不吃雞，肉類製品就更不用說了。

有一次蕭衍正在吃青菜，他老婆對他說：「你知不知道你吃一根青菜，就要餓死多少菜青蟲呢？」

蕭衍於是連忙停了吃菜，只吃大米飯。

他老婆又說：「多少米蟲指望著這些大米活命呢……」

蕭衍：「……」

他還從國庫裡拿錢大肆修建廟宇、寺塔，搞得京城裡面到處都是念經的聲音。西元五二七年三月的一天，他去同泰寺上香，忽然心血潮來說要當和尚，在廟裡面整整待了四天才回到宮中。回到宮中之後他覺得不妥，和尚要還俗必須要給廟裡交銀子，他這樣不明不白的走了實在太過分了。於是他命財政部拿了幾千萬兩銀子去廟裡贖他的身。從那以後他時不時的去廟裡將自己的身體奉獻給佛，大臣們只得時不時的拿著上億兩的銀子去廟裡贖他。這樣玩了三次之後，國庫已經虧空了，人民的生活也困苦到了極點。整個梁帝國陷入一片混亂之中。

西元五四七年，蕭衍收到東魏大將侯景送來的書信，信上說他願意把他本人以及他擁有的人和地全都送給梁武帝。梁武帝蕭衍非常開心，不顧大臣們的勸阻，派人去迎接侯景。結果

是引狼入室。侯景最後攻入建康，將梁武帝關在後宮之後活活餓死。而南梁也從此變得四分五裂。西元五五七年，陳霸先在建康建立了陳朝。南朝歷史進入尾聲。

韓冬．Say

．蕭衍如果將精力都放在文學上，歷史上可能會多一個平庸的文人，少了一個政治家，而他自己頂多成為一個有些文學女青年崇拜者的酸秀才，而不會是皇帝。不要把諸如碼字、畫畫、唱歌這些愛好當做事業來做，除非條件已經非常充足了。大多數自由職業者的背後往往飽含著辛酸。

．你需要對付的人可能正在犯一些錯誤，這些錯誤導致他勢力愈來愈弱，這個時候你只需要竊喜偷笑就好了。等他的錯誤發展到不可收拾的地步再出手，必定一擊即中。這便是等待的韻味了。蕭寶卷的昏暈是一上位就體現出來了的，蕭衍的潛心等待讓他沒怎麼費力的打敗了蕭寶卷。

．信念不堅定的人，往往會因為幾粒頭皮屑就改變自己的信仰。

我是來給你送信的

北魏孝文帝病逝於西元四九九年。他死後元恪即位，是爲宣武帝。因爲元恪從小就挑食，造成了很多種維生素和人體所必須的微量元素嚴重缺乏，即位沒多久就掛了。可憐他還沒有來得及發育的六歲的兒子元詡不得不坐上了皇帝的位子。北魏有個傳統，就是小孩即位之後，他母親皇太后必須要被殺頭，這主要是爲了避免有女人干涉朝政的情況出現，可是元詡即位的時候還沒有斷奶，而且他繼承了元恪的壞毛病——挑食，他只吃他母親胡太后的奶，於是胡太后的性命就得以保全了下來。據史籍記載，胡太后之所以能夠保命，與她長期堅持食用橙子是分不開的，因爲長期食用橙子，使得她的乳汁有一種天然的橙汁味道，這一點深得孝明帝元詡得喜愛。

胡太后不是個一般的女人。她不但哺乳孝明帝，而且積極培植和扶持自己的親信，在她的親信幫助下，不久之後她就掌握了朝政大權，之後又命人在龍椅後面掛了個門簾子，她自己則

坐在簾子後面聽起政來。雖然念的書不少，可是胡太后始終沒有能樹立起正確的人生觀和價值觀，也沒能成為一個高尚的人，純粹的人，一個脫離了低級趣味的人。她不但鋪張浪費，而且大肆在後宮包養小白臉供自己享樂。在她的帶領之下，官員們開始鋪張浪費，貪污腐敗。人民群眾沒有了活路，紛紛起而反抗。雖然朝廷勾結了柔然人鎮壓了起義，但是北魏政權卻已是風雨飄搖了。

此時的孝明帝已經長大了，他不再吃奶了——不管是橙汁味的還是白味的。經過刻苦的自學，孝明帝對於男女之間的事情已經非常了解了。他也明白了平日裡大臣們私下討論胡太后的時候，為什麼表情會那樣猥褻，而看他的眼神裡面為什麼又含有那麼多鄙夷的成分，他也終於明白了為什麼每次去拜訪胡太后的時候，胡太后都要那麼久才給他開門，而且窗戶大開，窗臺上還掛著一根繩子了。怎麼說他也是個皇上，自己的老母卻作出這樣的事情，這讓他覺得非常沒有面子，心裡也充滿了對胡太后的仇恨。胡太后了解到這一點後也很緊張，便同她的小白臉合謀害死了孝明帝，新即位的元釗更小，只有三歲大。

車騎將軍爾朱榮一直都想奪取政權。這件事情發生後，他立刻找來他的手下元天穆商議奪取政權的具體事宜。

爾朱榮：「六歲的皇帝已經讓北魏人民吃足苦頭了，現在卻又弄了個三歲的上臺，我要打到首都去，推翻這群陰險的小人，拯救人民於水深火熱之中。」

元天穆：「想奪取政權就說奪取政權嘛，何必要說那麼冠冕堂皇的理由，又不是開記者招待會！」

爾朱榮：「……忘了你是自己人了。那麼你說我們推翻胡太后之後，應該立誰爲皇帝呢？這次必須要立一個年紀大一點的才行。」

元天穆：「你看元秋怎麼樣？」

爾朱榮：「元秋？多大年紀，怎麼我從來沒聽過。」

元天穆：「四五十歲的樣子吧。本來她已經準備在家退休養老了，可是又被周星馳給抓出來出演了《功夫》裡面的包租婆，現在很火的。」

爾朱榮：「別以爲你長得帥我就不敢打你……」

元天穆：「你不喜歡啊？那就長樂王元子攸吧，他年齡合適，又沒有人品問題，讓他當皇帝，相信人民都會擁護的。」

爾朱榮：「人倒是不錯，就是不知道他願不願意來當這個皇帝……」

這一日，元子攸在樹林裡打獵。他正用弓箭瞄準一隻鵰的時候，忽然看到一隻鴿子飛來。

元子攸：「這隻比較好射一點！」

他的手一鬆，箭便飛了出去，那隻鴿子應聲而落。元子攸跑上去提起那隻鴿子道：「哈哈，今天又有肉吃了。」

鴿子：「媽的，我是來給你送信的。」

元子攸：「啊，原來你是一隻信鴿，我還以為是一隻野鴿呢。信在那裡？」

鴿子：「本來我是要親自取給你的，不過現在我沒心情了，你自己拿吧，在我腿上捆著呢。」

元子攸：「原來是讓我當皇帝，那就麻煩你再跑一趟，送信回去說我完全同意他們的計劃吧。」

鴿子：「你射我，還想讓我替你送信，休想！」

元子攸：「你願意去送信還是願意被紅燒？」

鴿子：「……有沒有第三條路？」

元子攸：「燒烤。」

鴿子：「那我還是去送信吧……」

爾朱榮收到元子攸的信之後，就立即起兵殺往洛陽。軍民早就盼望著有人能起來推翻現在的政權了，一路上不但沒有阻攔爾朱榮的部隊，反而給他們送人送物支援他們。連平常擋在路上打劫的劫匪們也放了暑假，讓爾朱榮的部隊順利通過。到洛陽城外後，爾朱榮派人潛入洛陽城，將元子攸從城裡面偷了出來，給他戴上了王冠，讓他當上了皇帝，是爲孝莊帝。胡太后包養的那些小白臉聽說爾朱榮的部隊殺了過來，紛紛離開了胡太后去自謀職業了。胡太后大哭一場之後，找了個剃頭的來，將自己和宮中的宮女全都剃成了光頭，企圖化妝成尼姑逃過此劫。爾朱榮很快就帶著部隊進入了洛陽城，他找到了光頭的胡太后和正在玩家家酒的元釗。爾朱榮將他們押到黃河邊上，準備給他們兩人的腳上綁上石頭後扔進黃河裡面去。

胡太后：「就讓我皈依佛門，贖清我這輩子的罪惡吧，阿彌陀佛……」

爾朱榮：「你的罪惡跳進黃河也洗不清，別說去當老尼姑了。」

慕容紹宗：「將軍，元釗還小，淹死他太殘忍了吧。」

爾朱榮：「再小的人也會長大的，況且他從小就錦衣玉食，長得還很快。」

胡太后：「他也不會游泳，也不會喊救命。不用在他腳上綁石頭這麼麻煩吧。」

爾朱榮：「綁石頭不麻煩，已經綁成死結之後解開才麻煩呢。」

爾朱榮不等胡太后再聲辯，下令將他們兩個推了下去。

「咕咚……咕咚……」兩聲之後，胡太后和三歲多的元釗便沈入了黃河的濁流之中去了。

爾朱榮正做著控制孝莊帝，把持朝政的美夢時，他的一個手下衝了進來。

手下：「之所以你能以不到萬人的兵力打到洛陽來，是因爲所有人都不知道你到底有多少兵力。現在你住在洛陽城裡面，所有大臣都能看見你進進出出就是那麼點點兵馬，他們肯定會奮起反抗來推翻你的。應該在他們奮起反抗之前做掉他們先。」

爾朱榮：「有道理！」

慕容紹宗：「太殘忍了吧將軍。」

爾朱榮：「婦人之仁是成不了大事的！」

第二天，爾朱榮跟孝莊帝說，讓他帶著文武百官去黃河邊上祭祀天地。

孝莊帝：「可今天什麼節日都不是啊，既不是觀音菩薩的生日，也不是如來佛的誕辰。」

爾朱榮：「呃……今天是上帝造人的紀念日。」

孝莊帝：「上帝？可是我還沒有準備祭祀用的衣服呢。」

爾朱榮：「好啦，現在穿的這身衣服就很帥了，快點下命令吧！」

孝莊帝帶著大大小小的文武百官來到黃河邊上，大家剛剛列隊好，爾朱榮就帶著部隊衝了出來將眾人團團圍住。爾朱榮藉口大臣們貪污腐化，工作不認真，不講公德，在孝莊帝的面前將他們全部斬殺在黃河邊上。孝莊帝眼睜睜的看著自己的大臣們被爾朱榮殘忍地殺害，嚇得肝腸寸斷，同時他也從那天開始積極準備除掉爾朱榮。終於在兩年之後，他乘著爾朱榮正在洗澡的時候，派了三個女殺手衝進了爾朱榮的澡堂子，就在爾朱榮因爲害羞用手去擋臉的時候，三個女殺手衝上去結果了爾朱榮的性命。

爾朱榮的兒子爾朱兆住在晉陽，手下的兵馬爲數不少，聽說他老爸被孝莊帝弄死在澡堂子裡面之後，他帶著兵馬殺氣騰騰的回到了洛陽殺進了皇宮，另外立了一個小皇帝，自己則將朝政大全一手掌握。爾朱兆有個手下名叫高歡，這是一個雄才大略的偉岸男子。他見爾朱兆不像是能成大事的人，一直都想著能夠離開他，擺脫他的控制。直接閃人不是最好的辦法，那樣會給爾朱兆落下派人追殺他的口實，況且他只是偉岸一點並沒有身懷絕世武功，好幾個人砍他一個人還是撐不住的。同時他的想法還是最好能帶點兵馬帶點地盤離開爾朱兆，好爲以後擴大勢力做打算。

就在這個時候，被發配到晉州的原葛榮手下擱三岔五的就發動一次起義，爾朱兆對此事很是不滿，想找個人去徹底平定晉州的起義，高歡覺得這是一個機會，便對爾朱兆說：「晉州的這幫孫子竟然敢三番五次的反叛朝廷，實在是罪無可赦，大王你應該儘快派個你信任的，又會領兵打仗的，而且最好能長得偉岸一點的人去徹底消滅他們。」

爾朱兆：「我也一直這麼覺得，可是去哪裡找這麼個人呢？」

正在吃香蕉的爾朱榮的飯桶親信賀拔允說：「高歡不就是麼？他這麼多年來一直都是晉州刺史，當地人民都非常信賴他，派他去一定可以完成任務。」

高歡跳起來一拳砸在賀拔允的臉上，砸了他滿臉的香蕉，說道：「我怎麼能夠離開大王呢?大王都沒有說話，你竟然敢擅自發言。」

賀拔允：「說就行了嘛，幹嘛要動手呢……」

爾朱兆本來對高歡還有點不放心，現在見高歡竟然這麼捨不得離開他，這麼忠於他，於是同意了讓高歡帶兵去晉州平定叛亂。高歡聽後一個箭步跑出去召集兵馬準備出發。

慕容紹宗聽到這個消息之後，一路小跑來找爾朱兆。

慕容紹宗：「高歡本來早就想另立門戶了，現在你給他那麼多兵馬帶出去，往後想控制他就難了。」

爾朱兆：「他內心裡面是捨不得離開我的，就因爲這個他還狂扁了建議讓他離開的賀拔允呢。」

慕容紹宗衝上去又一拳砸在正在吃剩下半截香蕉的賀拔允臉上：「你這個笨蛋……」

賀拔允：「吃個香蕉也這麼遭人恨麼?……」

高歡爲了能夠順利離開都城，花了很多錢買通了爾朱兆身邊的大臣。大臣們紛紛前來找爾朱兆進言。

大臣甲：「慕容紹宗之所以不讓高歡離開，是因爲他和高歡之間有私仇。」

大臣乙：「就是，他這種公報私仇的做法實在是太令人憤慨了。」

爾朱兆：「他們之間有什麼私仇呢？」

大臣甲：「慕容紹宗曾經偷看高歡的妹妹洗澡，被高歡修理過。」

大臣乙：「這件事情我也聽說了，慕容紹宗是個有婦之夫，竟然做出這樣下流的事情，我已經憤慨的不能自已了。」

爾朱兆聽了這些話，立刻命人去將躺在路上擋著高歡部隊的慕容紹宗擡了回來扔進了大牢之中。

高歡立刻帶著部隊離開了都城。走到半路上便遇到了爾朱兆的老婆和三百匹馬。

高歡：「夫人在這裡做什麼呢？」

爾朱兆的老婆：「我在溜寵物呢。」

高歡：「你是說這三百匹戰馬麼？」

爾朱兆的老婆：「是啊。」

高歡聽爾朱兆的老婆這麼說，滿臉獰笑的向她走過去。

爾朱兆的老婆：「你要幹嘛？你要幹嘛？我可是大王的媳婦兒啊！」

高歡：「這裡是打劫，將你所有的寵物都交出來，不然的話……哼哼……」

爾朱兆的老婆：「不要啊，你不要劫寵物之後還要劫色啊，我一個弱女子沒有反抗能力的，而且天氣這麼熱我穿的衣服也很少的，你不要亂來呀。」

爾朱榮的老婆說著便向高歡走了過來。高歡回頭對身後一個五大三粗面貌醜陋的手下說：「韓冬，用你的時候到了。」

韓冬：「嘿哈哈哈，這樣的好事，我當然要義不容辭了。」

爾朱兆的老婆見走出來這樣一個男人，立刻大叫著扭頭跑了。

爾朱兆聽完他老婆哭著說，高歡搶走了所有的馬還意圖非禮她之後，方才明白高歡真的是另有所圖，忙將慕容紹宗從獄中放了出來，商量解決的辦法。

慕容紹宗：「還商量什麼啊？趕快追啦，現在還來得及。」

爾朱兆立刻上馬，帶著手下去追趕高歡。追到一條河邊的時候，高歡已經渡過河去了，而河上的橋已經不在了。

爾朱兆站在河這邊大喊道：「高歡，妄我對你那麼信任。你怎麼可以做出搶大嫂的寵物而且意圖非禮大嫂這麼下流的事情呢？」

高歡：「那些馬我只是想用來替大王平定叛亂，至於非禮大嫂一事實在是有人挑撥離間，大王千萬不可相信。」

爾朱兆：「那你過來，我們商量一下平定叛亂的戰略戰術吧。」

高歡：「我不會游泳啊……」

爾朱兆：「那我過來啦。」

爾朱兆說完便猛地跳進了河水中，只聽水中傳來「哎呀」一聲，爾朱榮從水中站起來，頭上頂著很大一個包。

高歡：「……，不好意思，忘了告訴你河水很淺了。」

爾朱兆知道高歡對自己非常忠心，對於他自己聽信別人讒言誤會高歡的事情，他感到非常懊悔。跟高歡說了無數道歉的話之後，當晚住在了高歡營中。高歡的手下準備乘此機會磨好刀去做掉爾朱兆，高歡攔住了他們。

高歡：「我們現在的實力還不夠強大，如果現在殺了他的話，他的手下一定會將我們滅了的。爾朱兆只是一個豬頭而已，讓他多活幾年，等我們發達了再搞定他也不遲。」

擺脫爾朱兆控制之後的高歡有了自己的地盤和人馬。幾年之後他發展得財大氣粗，兵多糧廣。時機成熟之後，他便帶著兵馬去滅了爾朱兆，在西元五三四年將孝文帝的曾孫元善見立為皇帝，是為東魏孝靜帝，都城設在鄴城，高歡掌握東魏朝廷大權。一年之後靠鎮壓農民起義的大將宇文泰在長安又立了孝文帝的孫子元寶炬為皇帝，是為西魏文帝，西魏的大權由宇文泰掌

握。如此以來，北魏便分裂成了西魏和東魏兩個政權。

韓冬·Say

·為人不可太過囂張，還是低調一點的好，哪怕你現在已經坐穩了位子。有很多人盯著你的位子，就等著你犯錯誤呢。胡太后書讀得少，就不懂得這一點，睿智的你現在讀到了，應該明白了吧。

·跳槽或者離開的時候，最好能帶點有利於自己將來發展的東西再走，比如經驗、客戶、一個好秘書啥的，如果現在你還帶不走你想帶走的東西，那說明離開的時機還不到。高歡一直等到能帶走兵馬才離開，就是這個道理。

·洗澡的時候有異性殺手衝進來，應該像穿了衣服一樣大方的與之搏鬥或者逃脫，而不要著急去捂自己的臉，相比而言還是性命重要一點。

請你砍準一點

宇文泰掌握西魏的大權之後，在政治、軍事、經濟等方面都做了很多有益的改革，西魏在他掌權的幾年之內發展非常迅速。可惜天妒英才，他在四十九歲那年就病逝了。他死的時候兒子們都還小，他便將兒子和朝廷大權託付給了他的侄子宇文護。

第二年，宇文護擁立宇文泰的兒子宇文覺為皇上，改國號為周，史稱北周。

雖然宇文覺當了皇上，可是宇文護將軍事、財政、外交、採購甚至水利等大權全都攬在自己身上，使得做為皇帝的宇文覺整天閒得發慌。宇文覺對宇文護的這種做法非常不滿，經常對別人說宇文護的壞話，跟宇文護面對面的時候他還會通過吐口水，做鬼臉等方式表達自己對宇文護的不滿。宇文護便找來民間的製毒高手製造了一劑含笑半步癲餵給了宇文覺。宇文覺死後宇文護立了宇文泰的另一個兒子宇文毓為皇帝，剛開始宇文毓還很聽宇文覺的話，自從他初戀之後覺得自己長大了，便開始反叛宇文護，宇文護將上次用剩下的毒藥餵給他了一部分，只當了四年皇帝的宇文毓也掛了。

好在宇文泰沒有計劃生育的概念，生的兒子很多，不然根本禁不起被宇文護這麼毒。宇文毓死後，宇文泰的第四個兒子宇文邕被宇文護立爲皇帝，是爲北周武帝。有了前面兩個哥哥的前車之鑒，宇文邕沒有一上來就對宇文護吐口水，也沒有對他翻白眼，而是對他百依百順，言聽計從。宇文護剩下的毒藥一直沒有能派上用場。而事實上，宇文邕一直在爲除掉宇文護而時刻準備著。首先他苦練配酒技術，經過長時間的研究和調配，他終於配製出一種色澤鮮豔，味道甘醇，能讓人上癮的雞尾酒。他將這種酒介紹給了太后，告訴太后說喝了這種酒可以青春永駐，從那之後太后就成了一個老酒鬼。在苦練配酒技術的同時他還通過舉啞鈴，做伏地挺身，吃雞肉等方式鍛煉自己的手勁和肌肉。西元五七二年的一個大熱天，宇文護從外面回來，熱得脫了所有的盔甲外套準備沖涼，宇文邕忽然衝進來拉了他就往外走。

宇文護：「皇上你幹嘛啊？」

宇文邕：「太后年紀那麼大了，卻天天喝酒。這樣下去即便不得腦血栓也會酒精中毒。我怎麼勸她她都不聽，她最聽你的話了，你去勸她。」

宇文護：「那也等我穿件衣服吧至少要。」

宇文邕：「沒時間啦，勸酒要趁早，就像出名一樣。都是自己人，不用害羞啦。」

宇文護就這樣被宇文邕拉到了太后的宮中。太后果然喝得大醉，而且還在不停地往口中倒酒。

太后：「金鎖，銀鎖你們來啦，再給我搬兩壇酒來。」

宇文護：「太后，我是宇文護啊……」

太后：「宇文護？不是金鎖？那你的胸部怎麼那麼高？」

宇文護：「……稟告太后，這是肌肉來著。」

太后：「金鎖金鎖像太陽，銀鎖銀鎖像月亮……」

宇文護：「這麼老的歌都唱出來了，看來太后真的喝多了，今天沒辦法勸了，我們改天等她清醒的時候再勸吧！」

宇文邕：「太后她就沒有清醒的時候。據科學家們說人愈沈醉，你對他講話才能愈射入他的內心深處。我還帶來了學習資料，你念給她聽吧。」

宇文邕說著從懷裡掏出一篇《酒誥》塞到宇文護的手中。

宇文護：「哇，這麼長！念也要念一天了。」

就在宇文護認真地對著太后念文章的時候，宇文邕悄悄走到桌子旁邊拿起桌子上的一個很沈的煙灰缸就朝宇文護頭上蓋了下去。宇文護頓時頭破血流倒在地上，不過他整個人還是清醒的，就在他準備喊人之際，宇文邕命太監何泉舉刀去砍躺在地上的宇文護。因為何泉過於緊

張，加之他的手勁又比較小，砍下去的幾刀不是砍在宇文護的屁股上就是砍在他的大腿上。宇文護痛得「啊……啊……」直叫。砍到最後宇文護渾身上下已經沒有一塊完整的地方了，何泉還是沒有能砍中宇文護的要害所在。

宇文護流著眼淚說：「拜託，即便是要殺我，也請你砍準一點。」

何泉：「不好意思，不好意思，有點緊張。」

就在這時太后的弟弟從後面衝將出來，接過何泉手中的刀，手起刀落砍掉了宇文護的頭。

宇文邕掌握了朝廷大權之後，繼續了他父親宇文泰未盡的改革事業，使得北周的國力又上了好多臺階。高歡建立的東魏政權也早已在西元五五〇年改國號爲齊了，史稱北齊。這個時候北齊的皇上是高緯，他是歷史上有名的猥褻男，荒淫無道而又膽小。他怕大臣們給他提意見，便乾脆不見他們，沒日沒夜的跟美眉和太監們私混在一起。北周大臣伊婁謙對北周武帝宇文邕說：「北齊上下離心，道路以目，此易取也。」

宇文邕：「伊愛卿，請講普通話，不要講文言文。」

伊婁謙：「收到。剛剛那句話的意思是現在北齊非常混亂，可以趁火打劫啦……」

宇文邕覺得有理，便在西元五七五年出兵北伐。一路推進得都很順利，而且出兵不久之後他們就攻佔了河陰，可在這個關鍵的時刻，宇文邕卻因爲吃了一隻來歷不明的野雞而得了禽流感，只得暫時帶著部隊回家治病。

第二年，宇文邕集合了十多萬兵馬再次北伐，這次他直接攻打了北齊的興起地晉州。出兵沒有多久，宇文邕就帶著兵馬到達了晉州的門戶平陽城下，晉州刺史見北周部隊這麼雄壯，慌忙出城投降。就在這個時候，宇文邕又因爲吃了一沱來歷不明的牛肉而感染了瘋牛病。他將梁士彥任命爲晉州刺史，並留給他一萬人馬，他自己則帶著部隊撤回去治病去了。北齊軍隊見北周的大部隊已經撤走了，就將平陽城團團圍了起來，沒日沒夜的進攻，卻因爲北周部隊士氣高昂，始終沒能拿下。

不久之後，北齊部隊開始挖平陽城的牆角，城牆塌下去了好大一截。北齊軍隊準備衝進去砍的時候，忽然接到停止攻擊的通知。

高緯：「我最喜歡的女人，也就是你們最敬重的馮淑妃今天要來這裡看熱鬧。順便鼓舞士氣，她正在化妝，一會就到。」

馮淑妃正在營房裡面一件一件的試衣服，衣服試好之後，又一種顏色一種顏色的試口紅，直到夕陽西下的時候她才婀娜多姿的到達現場，而此時平陽城內的北周軍隊早已將那截坍塌下

去的城牆補了起來。

宇文邕治好了瘋牛病後，立刻帶著部隊前來救援平陽。然而他們被北齊事先挖好的護城河擋在了週邊。宇文邕欲要和圍困平陽的北齊軍決一死戰，北周士兵們便開始做準備，他們有的開始學游泳，有的開始學木工準備造船，還有的去獵殺野羊準備做羊皮筏子，好一派熱火朝天的景象。

而此時此刻駐紮在河對岸的高緯還在爲要不要跟北周軍決戰而煩惱。

高緯：「戰，還是不戰，這是一個問題。」

太監：「戰什麼戰？皇上如果想打仗的話，我們可以撤回宮中去，我陪你玩打仗的遊戲呀。」

武將：「這麼一點的部隊，一杆煙的功夫就消滅了。」

馮淑妃：「我要看打仗，我要看打仗嘛……」

玉皇大帝：「打吧，別猶豫了。」

高緯：「玉皇大帝？」

玉皇大帝：「正就是我啊，我看你們這邊討論得這麼熱鬧，就下來隨便說句話配合一下咯。」

高緯：「靠……」

大臣：「怎麼說我們也是個大國家。您是皇帝，對方也是皇帝，怎麼可以用河把人家擋住呢？這樣不公平。應該把河填起來，讓他們衝過來，我們雙方公平的決鬥。」

高緯：「有道理。」

北齊軍隊於是化身為工程兵，開始替對方填河。北周將士們見狀紛紛停了學游泳和造船，穿好盔甲，拿起武器準備進攻。宇文邕一聲令下，北周軍隊如猛虎下山般的衝了過去。高緯和馮淑妃則坐在馬上觀看戰鬥，馮淑妃看北齊部隊的一個士兵被自己的左腳絆倒在地上，便大喊大叫道：「哇，我們敗了耶！」

高緯身邊的太監聽馮淑妃這麼喊，帶著高緯一溜煙逃遁而去。北齊將士們見老大都逃了，紛紛丟了武器四散而逃。

高緯回到鄴城之後，準備重整部隊進行反擊，幾個將軍讓他去給將士們演講鼓舞士氣，並事先給他準備了一份蕩氣迴腸，豪氣沖天的演講稿。卻不料調皮的馮淑妃將這份演講稿悄悄的換成了韓冬的手稿。高緯威嚴的走到全軍將士面前，慢慢的從口袋裡面掏出手稿，現場一片寧靜，所有將士們用手帕蘸水洗了耳朵，準備聽他的演講。高緯看了手稿後，忍不住大笑起來，他身旁的人也跟著大笑起來，笑得將士們莫名其妙，義憤填膺。宇文邕率軍前來進攻鄴城的時

候，他們已經全無鬥志了，鄴城很快就被攻了下來。高緯帶著身邊的幾個人企圖逃到南邊的陳朝去，卻被北周的追兵活捉，不久後在長安被殺。北方地區長期的分裂狀態至此宣告結束。

韓冬・Say

・在鬥爭過程中，不可太過寬宏大量，謙讓在這裡更是全無用處。正所謂成王敗寇，最後的結果才是最重要的，對於過程中，你的表現人們並不看重，即便看重對於你來說也全無用處。不要因為想要公平競爭而主動撤去自己的優勢，就像高緯填了護城河那樣。

・我們是應該去尊重和愛護女性，不過有些女性天生就是壞事的料。即便如此我們也不能怨女性，怪你自己沒有眼光，沒有良好的把持能力。將太多的精神投注在女性身上是不可取的，讓那些不怎麼有腦子的女性來參與重大事宜更是不可取的。

・一夜之間長大往往都是假像。初戀離長大很遠很遠。

身爲雲，就應該化成雨

楊堅出生於西元五四一年，他出生的那天有很多朵祥雲飄過來到他家房頂上面聊天。

紫色祥雲：「聽說這家人姓楊？」

黃色祥雲：「沒錯。今天出生的這個有帝王之相的孩子的老爸，可是北魏的開國元勳楊忠，跟宇文泰的關係非同一般哦。」

紫色祥雲：「宇文泰？曾經我們也飄去他家房頂過吧，我記得那個時候我還才剛剛上班。」

黃色祥雲：「沒錯，就是那個人。小白，你怎麼不說話？」

白色祥雲：「心情不好，沒什麼好說的。」

黃色祥雲：「我知道，小白一直都不喜歡現在的工作。其實做一朵祥雲多好呢？我們象徵著富貴，爲凡人們所喜歡，而且還不用降落到地上去在泥土裡面打滾。」

白色祥雲悠悠的說：「身爲雲，就應該化成雨的……」

紫色祥雲：「小白總是很浪漫，不過沒所謂，再過幾年你也會和我們一樣的。」

接生婆在房間裡面給產婦加油，楊忠在外屋慌亂的來回邊搓著手邊走來走去，一個下人風風火火的衝進來大喊道：「大人，不好啦！」

楊忠：「不要大喊大叫，這樣很容易嚇著夫人早產的。」

下人：「有幾朵祥雲停在我們家房頂上呢。」

楊忠：「祥雲？這麼說今天我們楊家要出生的將是一個帝王了？……不好，被皇上發現就壞了，你趕快去把那幾朵雲給我趕走，一定要快……」

房頂上。

下人：「雲們，你們快走吧，被人發現就糟了。」

黃色祥雲：「靠，我們是來象徵你們家要生貴人的，現在你卻趕我們走，太不識擡舉了吧你也。」

紫色祥雲：「等我們下班我們自然會走的，到時候哪怕你用好吃的留我們，我們也絕對不會多待一分鐘的。」

白色祥雲：「阿紫，什麼東西對我們來說是好吃的呢？」

紫色祥雲：「……其實我也不知道，我從來沒吃過東西，我就這麼一說而已。」

下人：「拜託你們趕快走吧，趕不走你們，主人要責罰我了。」

紫色祥雲：「都給你說了不到下班時間了，你要再囉嗦的話，我就吐一口傾盆大雨給你。」

這個下人無奈之下，從懷裡掏出來幾塊亮晶晶的冒著熱氣的東西舉在手上威脅道：「這就是傳說中的乾冰了，你們要是再不走的話，休怪我人工降雨了。」

紫色祥雲和黃色祥雲看著乾冰和怒目而視的下人嚇得瑟瑟發抖，狠狠的說：「算你狠，我們走。」

白色祥雲卻還留在原地，又一次悠悠的說：「你降吧，身爲雲就是應該化作雨的。風中有朵雨做的雲，一朵雨做的雲……」

已經飄出很遠的阿紫和阿黃見小白沒有跟上來，又轉回去找她。她還待在房頂上唱歌，她們衝上去拉起她的手疾飛而去。

古語有云：「學好數理化，走遍天下都不怕」，又云「學好數理化，不如有個好爸爸」，經過一個等量傳遞之後，意思就是「有個好爸爸，走遍天下都不怕」。小時候的楊堅非常愚笨，學習成績特別差，武功也沒什麼長進，可是他有個好老爸，在十四歲的時候他就開始做官

了，而且官職一升再升，到西元五六〇年北周武帝繼位的時候，他已經是隨州刺史了。他老爸死後他繼承了他老爸的爵位，成為隨國公。他還生了一個頗有姿色的女兒，名叫楊麗華。楊麗華被宇文贇看中並娶回了家。

西元五七八年，北周武帝病逝，宇文贇繼位，是為周宣帝。楊堅成了皇帝的岳父，外加大將軍，外加隨國公，權力非常的大。宇文贇又是一個昏君，荒淫無道而且喜歡濫殺無辜，還不注意團結。楊堅見此情況，準備取而代之。

楊堅的風光，召來了很多大臣的嫉妒。他們紛紛對宇文贇說：「楊堅天庭飽滿，地閣方圓，耳垂又長，聽說他出生的時候，他家房頂上還有好幾朵祥雲出現……」

宇文贇：「你這是在形容我還是形容楊堅啊？」

大臣：「當然了，皇上你也是這樣的，所以說楊堅這樣就不對了，他怎麼可以搶皇上你的風頭呢？」

宇文贇：「我也經常發現楊堅盯著龍椅流口水。不過他現在權力那麼大，不好對付啊。」

大臣：「他身邊有人的時候是不好對付，不過他一個人的時候就……」

宇文贇：「你是說用美人計將他勾引到一個沒人的地方，然後再拍他黑磚，放他的暗箭？

好計謀！」

大臣：「何必浪費美女呢？皇上你讓他一個人前來他就得一個人來，不然就是抗旨。」

宇文贇：「有道理。我這就召喚他前來，你們一人去領一把斧頭躲在屏風後面，聽到我咳嗽就衝出來砍他。」

接到宇文贇讓他一個人進宮的命令時，楊堅心裡不禁小犯了一個嘀咕，古代那些被皇上召進宮後弄死的大臣的形象，喜唰唰喜唰唰地在他腦海裡面閃過。不過現在他要取宇文贇而代之只是一個構思而已，宇文贇並沒有拿到切實的證據，相信他也不可能現在就痛下殺手。想到這一點之後，楊堅終於鼓起了隻身前往後宮的勇氣。

楊堅進去之後，宇文贇就一直直勾勾的盯著他看，看得楊堅非常不好意思。

宇文贇：「隨國公你的天庭很飽滿嘛……」

楊堅：「因爲脫髮所以看上去額頭很高，事實上我的天庭很癟三的。」

宇文贇：「你的地格還很方圓……」

楊堅：「這是虛胖，如果沒有肉的話，我的地格基本上就是個倒三角。」

宇文贇：「耳垂都快垂到肩上去了。」

楊堅：「這是麗華她媽揪的。她母親很厲害，這一點你應該也了解吧！」

宇文贇：「這我倒是聽說過，有好幾次你被她打得不敢回家，一個人在外面流浪。」

楊堅：「是啊，而且還抱著麗華。那個時候麗華還不大，沒想到眨眼間她都已經嫁人了，我也老了。」

宇文贇跟楊堅聊了一會兒家常就放他走了，在此過程中他始終都沒有咳嗽。躲在屏風後面的大臣們幾乎都要等得睡著了。

大臣：「你爲什麼不咳嗽呢？」

宇文贇：「大家都是男人，我怎麼忍心殺一個被老婆欺負的生了漂亮女兒的年過半百的老父親呢？你們忍心麼？」

在場的老臣們都被說中了傷心事，紛紛抹起了眼淚。

每天早上要早早起床離開被窩裡面的美人去面對那群長得不帥的大臣，這件事情對於周宣帝宇文贇來說簡直太痛苦了。經過一番苦思冥想之後，他想到了一個好辦法，西元五七九年，他將皇位傳給了他七歲的兒子宇文闡，自己稱爲「天元皇帝」，從那以後，上早朝的工作就由七歲大的宇文闡來承擔了，這對於一個七歲大的孩子來說是多麼殘忍的一件事情啊……宇文贇的愈來愈不像話讓楊堅堅定了推翻他的信念。不過待在京城行事總是不太方便的，楊堅想找個機會離開京城去地方上任職，建立自己的根據地，招兵買馬發展自己的實力，時機成熟的時候殺回京城，他把這個想法告訴了自己的朋友鄭譯，鄭譯答應一有機會就幫他的忙。

西元五八〇年，宇文贇決定進行南伐。在他挑選帶兵將領的時候，鄭譯給他推薦了楊堅。宇文贇非常信任鄭譯，答應了任命楊堅爲揚州總管。就在楊堅喜滋滋的準備出發的時候，宇文贇卻忽然病重，而且看上去隨時都有要掛的可能。臨死之際，宇文贇叫來了書記官劉昉和顏之儀準備交代後事，劉昉和顏之儀必恭必敬的捧著筆記本站在宇文贇的病床跟前等著他開口。宇文贇卻只是睜大著眼睛盯著他們而不說話。

劉昉：「皇上，你還是用嘴說話吧，事實上你的眼睛並不是一雙會說話的眼睛。」

宇文贇：「……」

顏之儀：「皇上，我們看不懂你的眼睛在說什麼……」

皇后：「他得的是咽喉腫瘤，嗓門都已經被瘤子堵住了，說不出話來的。」

宇文贇一句話也沒有說出來就掛了。劉昉離開後找來鄭譯商量，他們決定假傳遺詔，讓楊堅進宮做八歲大的周靜帝宇文闡的輔政大臣。他們去找楊堅同楊堅商量。

劉昉：「皇上臨死前大聲的呼喚你，說要讓你進宮做靜帝的輔政大臣。」

楊堅：「你別騙我了，我知道皇上的嗓門眼兒都被瘤子堵住了，別說大聲呼喚了，小聲噓

噓都不行。」

鄭譯：「不用管那麼多了，反正遺詔在這裡，你就從了吧。」

楊堅：「不行，這樣會被人懷疑我謀權篡位的。」

劉昉：「好啦，我還不知道你的心思，你就答應了吧……」

楊堅：「不可以，真的不可以。」

劉昉：「靠，你到底幹不幹？你要是不幹的話我就去幹啦。」

楊堅：「……那還是我幹吧。」

他們沒有立刻向外界公佈宣帝死去的消息，而是首先拿著遺詔去奪取了軍政大權和都城部隊的指揮權，一切確保萬無一失之後，才向外界宣佈了宣帝的死訊，和楊堅入宮輔政的消息，這在王朝宗室中掀起了渲染大波。楊堅輔政之後首先進行了人事調整，扶持了一批自己的親信，接著進行了一系列對人民有利的改革籠絡人心，局面控制得還算不錯，不過擺在他面前的需要擺平的勢力也不少。主要有：王朝宗室的勢力；地方的割據勢力；北方的突厥勢力。

楊堅首先派人扛著銀子和女人送去給北方的突厥，安撫了突厥，同他們結成聯盟。然後他找到了剛剛掛了的周宣帝的弟弟宇文贊。宇文贊在朝廷裡的地位也很高，跟楊堅不相上下。楊堅去宇文贊家的時候，宇文贊正在研究朝政大事。

楊堅：「累不累呀大王你。」
宇文贇：「累得要死要活的……可是誰讓我是皇上的叔叔呢，累是應該的。」
楊堅：「幹了一輩子革命工作，你也該歇歇了。不如回家養幾年身子吧。」
宇文贇：「那皇上的位子……」
楊堅：「你放心，位子一讓出來我就派人去通知你，讓你回來做皇帝。」
傻傻的宇文贇傻傻的答應了楊堅的要求，帶著金銀細軟和家人朋友回家享福去了。

接下來，王室就剩下以趙王宇文招爲首的五王了。楊堅進宮輔政的時候，怕他們在各自的地盤上起兵鬧事，就以擺兩桌麻將缺五個人爲由將他們召到了都城。他們興衝衝的跑到都城之後，才發現楊堅根本就沒有準備麻將桌給他們。一氣之下他們決定，只要有機會就幹掉楊堅。一天，宇文招請楊堅到他的府上吃飯。楊堅只帶了他的兩個武將楊弘和元胄前往赴宴。到了宇文招的府上之後，下人帶著他們七拐八拐，走了近一個時辰才到達設宴的地方。
楊堅：「趙王怎麼把酒席擺在這麼深的地方？」
宇文招：「這裡比較安靜嘛。」
楊堅：「可是這樣會導致吃完酒席還沒走出大門就又走餓了的情況出現的。」
宇文招：「多吃點就不會了啦……來吃西瓜。」

宇文招抱起一個西瓜走到楊堅面前，又從靴子裡面掏出一把西瓜刀，一面殺西瓜一面伺機割斷楊堅的脖子。

楊堅：「這麼大的刀，別說殺西瓜了，殺人也足夠了。」

宇文招心裡一驚：「莫非他看出了我的圖謀？必須要加快動作了。」他手低下砍著西瓜，眼睛卻在尋找楊堅的喉嚨所在，不巧的是，那天楊堅穿的是高領的衣服，根本看不到喉嚨在什麼地方。

楊堅：「趙王，你的刀從靴子裡面拔出來，也不洗一下就切西瓜啊？」

宇文招：「沒事，有刀鞘的嘛。而且腳氣只會給腳傳染的，不會傳染給嘴巴的。」

楊堅：「趙王，小心……」

宇文招只顧著尋找楊堅的喉嚨了，沒注意到手下的刀已經切到自己手上去了，頓時鮮血狂飆。

宇文招：「能不能給我看一下你的脖子？」

楊堅：「趙王，你的手在不停的飈血耶！」

宇文招：「我想看一下你的脖子……」

守在門口的元胄見情況不對，慌忙衝進來拉起楊堅的手就要離開。宇文招大呼道：「你這是幹嘛？我要跟丞相商量國事，你闖進來做什麼？」

楊堅：「好，那我們不看脖子了，商量國事。」

元胄守在楊堅的身旁，手緊緊的握著腰間的佩刀。宇文招見他自己是沒辦法下手了，於是準備離去，讓躲在外面的士兵們亂箭齊射，插死楊堅。他剛想要拔腿離開，元胄跑上來擋在了他前面。

元胄：「趙王你不是說要和丞相商量國家大事麼？」

宇文招：「忽然之間我很想嘔吐，吐完我就回來。」

元胄從口袋裡面掏出一個夜壺遞給宇文招，說：「吐在這裡面吧。」

宇文招：「我去拿本書來給丞相看。」

元胄：「什麼書？」

宇文招：「《少女之心》……你不會有的！」

元胄又從口袋裡面掏出一本書給宇文招，正好就是《少女之心》。

宇文招：「……不是吧，我想喝鮮牛奶，現擠的那種。我這就要去擠，你沒辦法了吧……」

元胄從口袋裡面掏出一頭奶牛，當著宇文招的面擠了一碗鮮奶遞給他：「喝吧……」

宇文招：「啊……哆啦A夢啊你?!」

元冑聽到了房子外面有盔甲相撞的聲音，一個箭步衝上去拉起楊堅就走，邊走邊說：「快走吧，趙王人家還要忙呢，家裡地沒掃，飯沒做，很多事情等著你呢！」

任憑宇文招怎麼喊，他們都沒有再回頭。幾天之後，楊堅知道了實情。給宇文招安了個造反的罪名殺了他。剩下的四個王也在不久之後，分別以打麻將出老千，購買盜版書籍，登陸黃色網站以及隨地亂吐口香糖而被砍了頭。

剩下的就是地方割據勢力了。他們已經起兵反對楊堅了，首先起兵的是相州總管尉遲迥和他的侄兒，他們有兵馬數十萬，接著起兵的是鄖州總管司馬消難和益州總管王謙。楊堅則兵分三路，派了老將韋孝寬去迎戰尉遲迥，梁睿迎戰王謙，王誼迎戰司馬消難。不到半年時間，楊堅派去的三路兵馬就消滅了所有的敵軍得勝而歸了。至此楊堅徹底的控制了北周的政權。

西元五八一年正月，楊堅讓人替周靜帝寫好了禪讓詔書，並讓周靜帝送到了他府上。假裝推辭了一下之後，他就接受了周靜帝的禪讓，自己當上了皇帝。因爲他是隨國公，後來又被封隨王，於是將國號改爲「隨」，可是中間的這個「走」字旁看著很不吉利，於是他去掉了中間的「走」，定國號爲「隋」。

韓冬・Say

・生活本就是殘酷，至少是真實的。腦子裡儘量少想過於浪漫的事，儘量少看那些無病呻吟，期期艾艾的無聊文字，更不要被之影響。這些東西看似美妙，淒婉動人實則全無用處，只會讓你徒增煩惱。白色祥雲的話雖然很美，可她畢竟只是朵雲彩。

・當同時有好幾件事情等你去處理的時候，請辨明輕重緩急，如果實在辨不清楚那就從最簡單的事情做起，做完一件事情你會覺得心情舒緩很多，擔子輕了一大截，這非常有利於進行下面的事。楊堅對三股勢力的處理就是這樣。

・不要把長得帥當成太大的優點來對待，可能會被女生覺得華而不實，更會被男生嫉妒。

南北朝・

Q版資治通鑑
隋唐

內衣上面的補丁脫落

雖然楊堅當上了皇帝，他一直都還保持著勤儉節約的良好作風，平日裡穿的、吃的、用的都是最樸實最簡單的。書記官記載的平日裡發生在楊堅身上的事情，明白無誤的表明了這一點。

事件一：

某日楊堅穿好龍袍趕去上早朝，有太監在後跟隨。太監忽然看到從楊堅的褲筒裡面掉出一塊布，他連忙撿起這塊布衝上去遞給楊堅。

太監：「皇上，你的內褲掉出來了。」

楊堅順手接過那塊布塞到口袋裡，說：「這是內衣上面的補丁脫落。」

事件一：

楊堅勤於政事，每天晚上都要工作到半夜。有宮女在一旁伺候。

宮女：「皇上，天色已晚，洗洗睡吧。」

楊堅回過頭來對宮女說：「還有一些奏摺……」

宮女：「有鬼啊……」

宮女喊完就昏過去了。外面的守衛聽到裡面有人大喊，開門闖了進來。看到楊堅滿臉烏漆麻黑，樣子恐怖之極。

楊堅：「哪裡有鬼？真是莫名其妙。」

守衛：「她說的鬼可能就是皇上您……」

後經調查，皮膚一直不錯的楊堅之所以滿臉黝黑，是因爲長時間在廉價燈油下面工作導致。

事件二：

一日，轎夫們擡著楊堅去楊素府上。因爲趕時間，轎子開得非常快。到楊素府門口停轎之後，眾人卻發現楊堅已不在轎中，同時也發現轎子底也早已經掉了。眾人慌忙回頭去尋找楊堅，路上碰到正一瘸一拐往楊素家趕的楊堅……

後經調查，之所以發生此事故，是因爲轎子年久失修。

……

楊堅繼位之後，立大兒子楊勇爲太子。楊勇生性老實厚道，不會裝樣子，這一點深得楊堅的喜歡。可是楊勇太過追求生活質量，養成了鋪張浪費的壞習慣，這讓楊堅非常看不慣。曾有人送給楊勇一件四川產的盔甲，這件盔甲不但刀槍不入，而且非常之漂亮。不過楊勇從來不輕易穿出來，因爲盔甲是用金子做的，而且上面點綴的也都是密度很大的重金屬，非常之沈重。要想穿起這件衣服，需得花費不少力氣才行。朝廷閱兵的時候楊勇爲了表現隆重，特意穿了這身盔甲出席，楊堅看到之後非常不滿。

楊堅：「很沈吧……累不死你！」

楊勇：「怎麼說我也是你親生兒子，這樣咒我太過分了吧。」

楊堅：「要想楊家能夠江山長久，必須要養成勤儉節約的好習慣，你現在這麼奢侈浪費，我怎麼放心把江山交給你。」

楊堅說完便從口袋裡面掏出兩個盒子遞給楊勇。

楊勇：「什麼東東？」

楊堅：「兩樣寶物……」

楊勇興沖沖的捧著寶物回家，打開一看卻是一把生了鏽的刀和一盒醬白菜。

楊勇：「收破爛的都不願意撿的東西卻那麼隆重的交給我，父皇愈來愈會搞笑了。」

謀士：「這的確是寶物。皇上是在提醒你，讓你養成勤儉節約的好習慣。」

楊勇不聽，繼續過著奢華的日子，經常大擺酒席宴請大臣。楊堅聽說以後非常生氣。

楊堅的老婆孤獨氏是一個非常厲害的女子，而且是個極端的女權主義者。在楊堅當皇帝之前，她就經常打得楊堅不敢回家，獨自在外徘徊。楊堅當了皇帝之後，她管得更嚴了，楊堅只要多看別的女子一眼就要被頭懸樑，錐刺骨。她最看不慣的就是男人三妻四妾，而楊勇偏偏就娶了很多老婆很多妾，她對楊勇也很不滿意。

楊堅的二兒子楊廣聽說楊堅和孤獨氏都不喜歡楊勇之後，覺得有機可乘，便順著楊堅和孤獨氏的意開始表現。每次去見楊堅的時候，他都要把自己的衣服剪得破破爛爛才去，跟楊堅吃飯的時候，有飯菜掉到桌子上，他也會撿起來餵到口中吃掉。

楊堅：「你真行，比我還節儉。」

楊廣：「勤儉節約是中華民族的傳統美德。這麼多年來，節約已經成爲我的習慣了。」

楊堅：「不過……你每次來穿的衣服似乎都不一樣啊。上上次的那件是胸口有個大紅花的，上次的是小碎花布的，而今天你穿的又是帶蕾絲邊的看上去非常性感的。節約成習慣的你竟然會有這麼多套衣服？」

楊廣：「……呃，不滿父皇你說，我穿的衣服都是下人們穿舊的不要的，因為下人中有女性，所以您看到了蕾絲邊。」

楊堅：「這麼節約……兒子，我愛你！」

楊廣也娶了很多漂亮老婆，但他沒有像楊勇那樣招搖過市，走哪都帶著。而是將所有的漂亮老婆都藏在地窖裡面，在地上他只跟他的第一個老婆蕭妃住在一起。孤獨氏前來楊廣家視察，楊廣拉著蕭妃的手一起前去迎接了孤獨氏。

孤獨氏：「蕭妃……你的臉上……」

楊廣：「她只是起了很多青春痘外加幾塊惡性牛皮癬而已，但是她在我心中永遠是最美的。」

孤獨氏：「真是個好男人，蕭妃你有福氣啊……」

孤獨氏走後，楊廣立刻從地窖中將那些美女接出來，而將蕭妃扔了進去。

除此之外楊廣還特別注意結交朝廷大臣，通過請客吃飯、送禮賄賂等方式讓他們一致認為楊廣是個有思想、有道德、有文化的好青年。然而只有楊堅和孤獨氏的好印象和大臣們的好評論還是不夠的，他需要一個在朝中佔有重要地位的大臣為他在楊堅面前說話，堅定楊堅改立太

子的決心和信心。他們想到的人是楊素。可楊素是個視銀子和女人如糞土的人，楊廣決定從楊素的弟弟楊約身上下手。據說楊約很喜歡賭博，楊廣給了他一個親信很多銀子，讓他去輸給楊約。

一天後。

楊廣：「怎麼樣?銀子都輸給楊約了沒?」

親信：「不但沒有，而且還贏了他很多。」

楊廣：「輸錢這麼簡單的事情你都辦不好，你還能幹什麼?」

親信：「楊約實在太笨了，要輸錢給他比上九天攬月下五湖捉鼈還難啊晉王。」

楊廣：「啊，這麼誇張?他笨，你可以表現得比他更笨嘛!」

於是那名親信又去找楊約賭博。

親信：「麻將、牌九這些難度太高了，我們直接玩最簡單的石頭剪刀布。」

楊約：「好啊，只要是賭博我都喜歡。」

親信：「我這兩天拍了很多照片，而且每次拍照都是擺勝利的姿勢，導致食指和中指蜷不回來，所以我只會出剪刀。」

楊約看著親信總是保持剪刀狀的右手心道：「當我是傻子麼，想騙我出石頭然後用布包我，我才不會上當呢。」

結果楊約出了剪刀，和親信一樣。

親信：「……我不是告訴你我只會出剪刀麼?求你了，贏我一次吧！」

楊約：「好好好，這次我一定出石頭。」

結果楊約又出了剪刀。

親信：「……」

楊約：「你真的只會出剪刀？」

親信：「絕對是真的，你就相信我吧，求求你。」

第三次楊約終於出了石頭，親信還是剪刀。楊約見自己贏了錢，開心到非常。

親信：「很久沒贏過錢了吧，開心吧。」

楊約：「原來你真的只會出剪刀，哈哈……」

沒有多久，楊約就將那名親信的錢給贏光光了。

楊約：「接著來，接著來。」

親信：「可是我的錢已經全都輸給你了。」

楊約：「你身上不是還穿著衣服麼？」

親信：「……你還真有夠狠的。實話告訴你吧，這些錢都是晉王楊廣讓我來給你的。以你

的智商怎麼可能贏得了我？」

楊約：「啊？你的手沒有抽筋？」

親信：「不但沒有抽筋而且非常靈活。」

親信說著蜷起了食指和中指，將剪刀石頭布出了一圈，還跳了一曲翻手腕的新疆舞。

親信：「我的手從來沒有這麼靈活過。」

楊約：「我跟晉王又不熟，他幹嘛給我錢？」

親信：「因爲……他想認識你們兄弟啊。想想看，你哥哥楊素那麼屌，而你又那麼笨，在朝中當官這麼多年你們得罪了不少的人。太子楊勇一直都不喜歡你們，如果讓他登基的話，你和你哥哥恐怕就沒有好日子過了。」

楊約回家後，向楊素敍述了那名親信說的話，楊素也深以爲然。楊素和孤獨氏關係不錯，經常可以進宮見到孤獨氏，並和她交流關於美容美髮方面的心得。楊素想說服孤獨氏改立太子，可是他不知道孤獨氏對於楊廣和楊勇的看法怎樣，是以不敢貿然說話，因爲孤獨氏喜歡動手打人，楊堅就經常被她扁。這天終於給楊素找到了一個可以不用怕被孤獨氏扁的說話的機會。

楊素：「皇后你洗澡呢啊？」

孤獨氏：「是啊，我愛洗澡皮膚好好……你在外屋等一等。」

楊素：「好啊好啊，你洗澡就沒有可能追出來扁我了，我可以說說我的心裡話了。皇后你覺得太子楊勇怎麼樣？」

孤獨氏：「始亂終棄，愛情不專一，是個十足的色狼，而且是變態的色狼。」

楊素：「而且他還鋪張浪費，奢華荒淫，比起晉王楊廣來實在是差得遠了。」

孤獨氏：「皇上也這麼覺得，經常爲立了這個太子而長嘘短歎。楊素你是朝中重臣，說話也管用，好好想想辦法怎麼廢掉這個太子吧……」

楊素：「收到！」

楊素了解了皇上和皇后的想法之後，便開始積極的爲廢除楊勇作準備。楊勇聽說之後非常緊張，命人從宮外運進來很多舊茅草和爛木頭，找了塊空地在宮中修了一個茅草房住了進去，每天只吃醬白菜、糖蒜和乾饅頭。他就一個人住在那裡，也不出去玩，整天站在茅草房門口唱《茅屋爲秋風所破歌》。楊堅聽說楊勇變得這麼簡樸，便派楊素去一探究竟。楊勇聽說楊素要來，連忙把水煮肉片、紅燒豬大腸等好吃的藏起來，擺起醬白菜和乾饅頭。楊素故意拖延時間，換衣服，走路都用慢動作，偶爾還會卡帶。楊勇左等右等等不來楊素，忍不出拿出那些好吃的吃了起來。就在他剛餵了一塊肉入口的時候，楊素忽然闖了進來。

楊素：「吃肉呢，太子。」

楊勇：「呃……其實，這是一片長得非常像肉的野蘑菇。我怎麼會做出吃肉那麼奢侈的事

情呢？」

水煮肉片：「你才是野蘑菇呢，這麼高貴的肉片給你吃，你說你在吃蘑菇，你有沒有良心啊你？」

楊勇：「……」

楊素：「我了解了。」

楊素回去向楊堅復命。

楊堅：「怎麼樣？太子是不是真的改頭換面重新做人了？」

楊素：「我去的時候他正在吃水煮肉片，還騙我說那是野蘑菇。」

楊堅：「蘑菇和肉片是比較像，或許是你看錯了。」

楊素：「不僅如此，他的口氣還非常大。」

楊堅：「吃了糖蒜之後口氣是會比較大，皇后就經常說我口氣大，不給我親。」

楊素：「……我說的口氣不是這個口氣，是另外的那種口氣。他說他受夠這種日子了，他永遠都不會學習你這種小農民的做法的。」

楊堅徹底的開始討厭楊勇了。楊廣又實施了一系列的陰謀，搞得宮內宮外所有的人都開始數落楊勇的不是。接著楊廣教唆楊勇身邊的一個親信告訴楊堅說：「楊勇曾經做了一個布娃娃，布娃娃身上寫著楊堅的名字，楊勇每天用針紮那個布娃娃，每逢節假日的時候還會多紮幾下。」

楊堅派人去楊勇府上搜尋，那個渾身是洞的布娃娃很快就被搜了出來，布娃娃的屁股上還紮著好幾個大頭針。

楊堅：「楊勇，你還有什麼話說？」

楊勇：「我是被冤枉的。」

楊堅：「所有的罪犯都是這麼說，你能不能說點有創意的話。你紮我我不介意，可是你把我做得這麼噁心我就非常介意了。你看這個布娃娃，酒糟鼻，滿臉雀斑，身材羸弱，我長得這麼難看麼？」

楊勇全家被扔進了監獄。不久之後，楊勇被貶爲普通農民。西元六〇〇年十一月，楊廣被立爲太子。兩年之後孤獨氏去世，楊堅悲傷成疾。他將朝中所有的事情都交給楊廣處理，自己則住進了仁壽宮回憶往事。

回憶，是一件很傷身體的事情。不久之後楊堅病重，楊廣和楊素等人在仁壽宮照料楊堅。楊廣見楊堅命不久矣，便開始積極的爲自己當皇帝做準備。因爲從來沒有當過皇帝，也沒見別

人登基過，對於登基那天說什麼話，應該擺什麼pose，都有什麼流程，楊廣還很不清楚，於是他寫了一封信去詢問楊素。楊素便將注意事項羅列在一張紙上，派人去送給楊廣。信使拿著信到仁壽宮去找楊廣。

信使：「太子……太子……」

楊堅：「楊廣去噓噓了，有什麼事？」

信使：「我們大人派我來給太子送信。」

楊堅：「放在床頭吧。」

信使急著去和女朋友約會，把那封信放在床頭就跑了。楊堅拿起床頭的信打開來看，信上寫著如下內容：

登基注意事項：

1、之前一定要好好洗個澡，洗得乾乾淨淨，清清白白，最好能灑點香水。

2、在整個過程中要注意挺胸擡頭，如果胸實在挺不起來，可以考慮在衣服下面墊東西，乾饅頭是不錯的選擇。

3、這段時間還要注意練習手腕的力量，因爲玉璽愈做愈沈了，如果在繼位的過程中拿不動玉璽的話，那將是一件非常糟糕的事情。

4、接待外賓的時候要不卑不亢，同他們握手的時候要面向觀眾久一點，以便畫師們能夠有時間畫合影……

楊堅：「我還沒有死，他竟然就開始準備登基，真是個不孝逆子。」

就在楊堅生氣的時候，一個女子大哭著進來。

楊堅：「怎麼了愛妃？你怎麼哭得跟個淚人兒似的。」

愛妃：「剛剛我正在上廁所，便聽到隔壁有電鑽的聲音，須臾之後牆上就多了個洞。我一看，是太子楊廣在那邊偷看我。嗚嗚嗚……皇上你可要給我做主啊……」

楊堅聽到這裡，大噴一口鮮血：「這個逆子兼流氓，來人啊，把楊廣給我叫來。」

楊廣：「老爸你叫我？」

楊堅：「你竟敢偷看貴妃上廁所……你……你……」

楊廣：「其實，我只是鑿壁偷光想在廁所裡面看看書而已。」

楊堅：「那這封信你又怎麼解釋？」

楊廣：「信？什麼信？我看看先……哦，這是出席晚宴時候的注意事項。」

楊堅：「事到如今你還想騙我，我怎麼能夠把國家交給你這樣的人？來人，叫原太子楊勇來。」

楊廣：「老爸，他已經是個普通農民了，叫他來幹嘛？」

楊堅只是氣得粗喘氣，不再理睬楊廣。楊廣命人包圍了仁壽宮，斷絕了楊堅跟外面的聯繫。每天給楊堅送去的流質食物也換成了大豆、胡蘿蔔、燒餅等楊堅嚼不動的東西，沒有幾天，楊堅就被活活餓死了。

幾天之後，楊廣繼位，是爲隋煬帝。當了皇帝之後他荒淫無道，奢華靡亂。整個天下哀鴻遍野，民不聊生。不久之後就爆發了轟轟烈烈的農民起義。

韓冬・Say

・生活條件再好，該勤儉節約的時候還是應該勤儉節約。世事難料，指不定哪天你就什麼都沒了，勤儉節約還有一個更重要的作用是，性格的養成，形象的塑造——當然了做得太過了也不好。

・楊素幾句話就讓楊堅下定了立楊廣為太子的決心。有時候，某個人的幾句話勝過你三年五載的拚搏奮鬥，你需要找到這麼一個合適的人，然後想辦法讓他說你的好。

・過於秘密的東西不要用書信來傳遞，電子郵件也不行，會留下把柄給人看到的。

黑衣人

楊廣之所以能夠成功地當上皇帝，與楊素的幫助是分不開的。楊廣繼位之後，楊素便成了朝中的重臣，大臣們有什麼事都要先去找楊素商量，楊素家的客人絡繹不絕，府門口車水馬龍。這個現象引起了楊廣的不滿和猜忌，他決定除掉楊素，便找來太子楊昭商議。

楊廣：「楊素的表現太過拉風，將我的光輝形象完全掩蓋了，我決定要除掉他，你有什麼好辦法沒？」

楊昭：「你可以隨便給他安個罪名殺了他——比如圖謀造反什麼的，你現在是皇上，你說什麼就是什麼，還怕他不成？」

楊廣：「楊素在朝中的勢力實在太大了，冤枉他圖謀造反說不定他就來真的了。」

楊昭：「明的不行就來暗的，派幾個黑衣人去做掉他。」

楊廣：「楊素的身手你也不是沒有見過，十八般武藝樣樣精通，就連冰魄銀針這樣的暗器他也使得爐火純青，想暗算他太難了。」

楊昭：「看來，只能用毒了。正好最近五毒教有個研究人員投靠了我，他研製出一種名叫『慢慢發作』的毒藥，用來毒殺大臣是再適合不過了。」

楊廣：「『慢慢發作』？這是一種什麼樣的毒藥？」

楊昭：「正如它的名字一樣，這種毒藥不像鶴頂紅和七仙海棠那樣一吃下去就七竅飆血而死，它在一定的時間後才會發作，這中間中毒的人完全感覺不到自己已經中了毒，可以照常的吃飯、洗澡甚至泡妞。這就讓施毒者很容易擺脫下毒的嫌疑。真是毒殺自己人的必備良藥。」

楊廣：「那麼，它的毒性怎麼樣呢？不會幾天之後中毒者還像沒事人一樣活奔亂跳的吧？」

楊昭：「比鶴頂紅和七仙海棠更毒，發作的時候不僅七竅會流血，只要是有洞的地方都會流血。」

楊廣：「好，準備好酒宴，今天就請楊素來家吃飯。」

按照事先安排的，毒藥已經配製好並放進酒杯之中了。宮女在後屋牢牢地盯著放了毒的酒杯，念叨著：「左邊的有毒，右邊的沒毒，左邊的有毒，右邊的沒毒……」

宮女：「哎喲，不行，一緊張就想要小便。」

宮女邊抖著邊跑向洗手間。

客廳裡面，楊廣、楊昭、楊素三人正在回憶過去，展望未來，談得非常開心。楊廣見時間差不多了，大聲咳嗽了一下，楊昭心知肚明，便對楊素說：「爲了招待楊大人你，我們今天特意開封了一瓶愛在西元前的女兒紅，現在我就讓宮女端上來。」

楊素：「皇上對我真是好得沒話說。」

楊昭：「上酒……上酒……」

喊了半天後面都沒有反應。就在楊昭喊道第十聲的時候，那個宮女匆匆跑了回來，連便後的手都沒顧上洗就端這酒走進了客廳。

一路上仍舊默默念著：「左邊的有毒，右邊的沒毒。」

她沒有注意到去洗手間前後，她的面朝已經換了方向。之前的左邊已經變成了現在的右邊，之前的右邊成了現在的左邊。看來靠左和右來辨別方向真的是不太牢靠，還是東南西北比較保險一點。

酒席始終在非常歡快的氣氛之中進行，結束之後楊素坐車回家了，楊廣和楊昭邊「耶！」邊擊掌，慶祝陰謀實施成功。

楊廣：「你設定的這個毒藥的發作時間是多長？」

楊昭：「三天。」

楊廣：「啊，那麼長啊，我都已經等不及了，真希望楊素一回家就全身上下有洞的地方都流血，想想都覺得好刺激。」

楊昭：「三天已經是最短的了，這種毒藥的發作時間必須要是三的倍數，比如六天、九天……所以它又有個非常可愛的名字叫做『小三』。」

楊廣：「這麼奇怪的毒藥……」

楊素那邊他們已經派了人去打探情況，有什麼狀況發生隨時都會回來彙報。第三天早晨，楊廣迫不及待的去找楊昭，兩人邊下棋邊等著心腹前來彙報楊素的死訊。

楊廣：「太子，你怎麼了？」

楊昭：「沒有怎麼啊。」

楊廣：「輸了一盤棋也不用吐血吧……哇，又開始流鼻血了……」

楊昭：「……完蛋了，我中招了。」

「小三」果然非常的毒，不到一分鐘，楊昭就開始滿身噴血，拿蘿蔔塞都塞不住。不久之後他就因爲失血過多而死了。

楊廣派去的那個心腹一直盯著楊素看，等著他滿身颱血的時間到來，好回去跟楊廣復命，可是左等右等都不見楊素有任何異樣。

楊素：「你幹嘛這樣盯著我？我今天很帥麼？」

心腹：「沒有啊，如果要看帥哥的話，我只需要拿鏡子照自己看就成了。」

楊素：「切……咦，天空這麼晴朗，而且又是在房間裡面，你拿著把雨傘做什麼？」

心腹：「我怕你滿身颱血的時候射到我……」

不久之後，楊素就得到了太子楊昭全身流血而死的消息。他終於了解到了整個事情的經過。

楊素緊張地拍著胸部說：「好家在，還好那名宮女有一緊張就想噓噓的毛病。不然這次我就死定了。」

說完之後，楊素就暈過去了。據大夫症斷，楊素是因爲驚嚇過度導致心跳加速，可是他的心臟又不是特別能跳，於是心力衰竭了。沒過幾天，楊素就死了。楊素的兒子楊玄感非常悲痛，他覺得是楊廣嚇死了他父親，從此徹底的恨上了楊廣。不過他並沒有拿著刀衝到宮裡去看楊廣，而是韜光養晦，默默等待著復仇的時機。

時機很快就來了，西元六一三年，楊廣率軍去遼東征討高麗，讓楊玄感負責運送糧草。而

此時全國各地的農民起義已是風起雲湧了，楊玄感決定趁亂起事，推翻楊廣，取而代之。他找來他的弟弟們和帳下的重要謀士李密商議此事，眾人都擁護他的決定。不過要如何才能讓麾下的將士和工人們跟隨他一起造反呢？

楊玄感：「我的想法是我們學習陳勝、吳廣那樣抓條魚來，在牠的肚子裡面塞上上面寫著『楊玄感王』的布條，然後再將之放生。晚上還應該派人在營帳外面鬼叫鬼叫的說『造反吧，楊玄感王』這樣。大弟你負責去抓魚並且給魚做手術，李密你就負責鬼叫吧。」

李密：「這種方法已經過時了。但凡有點文化的人一看就知道是你在造假了。」

楊玄感：「那你說怎麼辦？」

李密：「其實現在造反已經是潮流了，只要你稍微挑撥一下，大家肯定就跟著你幹了。根本不用費那麼大的勁。」

楊玄感聽了李密的話，第二天他將所有的人召集到了一起。他自己則站在一棵大樹的樹梢上對所有人說：「我們被命令限期運糧，可是這麼短的時間之內即便我們所有的人都像我一樣有很高的輕功，能扛著一麻袋大豆站在樹梢上說話，也沒辦法按時到達地點。不能按時到達就要被砍頭，橫豎都是死，不如我們起兵造反，反抗暴君吧一起。」

眾人先是見楊玄感像《臥虎藏龍》裡頭的人一樣可以站在樹梢上說話那麼超凡脫俗，又聽他的話非常有道理，便紛紛決定跟著他幹了。楊玄感從樹梢上飛下來之後便開始整編隊伍，近處的農民聽說這裡有人揭竿起義，紛紛前來參軍。

部隊準備好之後，楊玄感才發現對於仗怎麼打一點概念都沒有，於是跑去找李密商量。李密原本是楊廣的近衛軍，因爲看的書太多而變成了近視眼，楊廣於是將他趕出了王宮。從此之後李密更加發奮讀書，連走路都在看書。一次在街上他邊看書邊走路，撞到了楊素身上。楊素見他長得不錯，看的又是《項羽傳》這麼有品味的書，便把他介紹給兒子楊玄感做朋友。

楊玄感走進李密的房間時，李密正在秉燭夜讀。

李密：「你是來問我怎麼打仗的吧？」

楊玄感：「這樣都被你猜到，看來你已經胸有成竹了。快給兄弟我說說吧。」

李密：「現在進軍有三個計策可以選擇，下策是直接進軍洛陽，到時候各地的農民肯定會積極相應我們，不過楊廣得到消息之後可能會率軍趕回來，前後夾擊之下我們的勝負就很難說了；中策是進攻長安，到時候楊廣也會率軍趕回來，不過我們可以守著潼關天險抵抗之；上策是出兵佔領榆關，斷了楊廣率領的東征軍的後路和糧草通道，高麗人聽說之後肯定會出全力攻打他們，用不了多久東徵兵就完蛋了。」

楊玄感：「我選擇下策。」

李密：「……爲什麼？」

楊玄感：「我選擇，我喜歡。」

隋唐•

李密：「早知道你選擇下策，我就不給你說那麼多策了。」

第二天一大早，楊玄感就跑到他弟弟楊玄挺房間去叫醒他，給了他五萬兵馬帶著去攻打洛陽。洛陽守將聽說楊玄感派兵來犯，當即加固洛陽的防守設施，將洛陽搞得跟個鐵桶似的。楊玄感久攻不下，決定採用李密的中策。便又帶著部隊去進攻長安，路過弘農城的時候，弘農太守站在城牆上對著楊玄感唱歌：「美眉你大膽的往前走，往前呀走……」

楊玄感氣不過，決定停下來進攻弘農城先。

李密：「快點走吧，他這是緩兵之計，等楊廣的東征軍來的話，我們就玩完了。」

楊玄感：「可是他說我是美眉耶，是可忍孰不可忍。」

楊玄感當即帶領十萬兵馬撲了上去，沒想到弘農城的守備也非常強悍。他還沒有拿下弘農的時候，楊廣已經帶著大軍撲上來了。楊玄感見他的部隊撐不住了，拍馬逃遁而去。跑了許久許久才敢停下來往後看，一看之下才發現身後只有他弟弟楊積善一個人。

楊玄感：「啊，就你一個人了？別人都去什麼地方了？」

楊積善：「你閃得那麼快，別人怎麼可能跟得上。還好我的馬比較快一點。」

楊玄感頓時萬念俱灰，決定不再逃跑了。他下馬，將腰間的劍抽出來遞給楊積善道：「你殺了我吧。」

楊積善：「給我一個殺你的理由先。」

楊玄感：「我寧可死在你的劍下，也不能死在隋軍手裡，殺了我吧。」

楊積善：「你自己來吧，我實在不忍心殺你。」

楊玄感：「我從來沒有自殺過，不知道怎麼自殺，會緊張的，還是你幫我吧。」

楊積善：「我真的不行……」

楊玄感：「如果你不殺我的話，我就先殺了你。」

楊積善聞言閉著眼睛一刀捅出。只聽楊玄感一聲慘叫，一股鮮紅鮮紅的血噴在了楊積善的身上。楊積善久久閉著眼睛不敢睜開……

楊玄感：「你捅到的是我的大腿啊老兄，能不能瞄準一點。」

楊積善：「不好意思，不好意思，我重新捅過。」

楊積善又閉著眼睛捅了好幾刀，可惜沒有一刀是斃命的。最後楊玄感是流血流死的。楊積善剛要提起劍自刎，隋軍的追兵就趕到了，他們用飛刀打落了他手中的劍，將他活捉回去。

楊廣返回之後下令殺了楊家所有的兄弟，並將楊玄感的屍體擡回來燒了好幾遍。之後覺得還不過癮，又殺了所有楊玄感的親戚——連楊玄感的媳婦的弟弟的女朋友都沒有放過。所有吃過楊玄感的救濟糧的群眾也全部被殺。

韓冬·Say

．兔死狗烹是經常發生的事情，楊廣對楊素又是一例。為上頭賣命的時候，特別是成功到來的時候要提防對方出賣你。這種人要麼非常貪心，容不得別人分享他的所得；要麼非常狹隘，各方面都見不得別人比他強，只有用點心思還是可以辨別得出來的。

．做事要主意細節。每個細節都會影響到事情的成敗，給酒下毒然後端上來這是個細節，楊廣顯然沒有注重，如若不然他也不會派一個一緊張就想小便而且分不清左右的宮女去做。從這件事情的結果可以看得出，對細節的不注重帶來了多麼災難性的後果。

．書不一定非要拿來讀，用來裝內涵裝品味也不錯。

一匹沒有方向感的馬

李淵的祖上是貴族，他在七歲的時候就承襲了唐國公的爵位。西元六一六年，隋煬帝楊廣任命李淵為太原留守，當時天下大亂，農民起義此起彼伏，李淵為平定叛亂殫精竭慮，立下了汗馬功勞。儘管如此楊廣還是不信任李淵，派了自己的親信王威和高君雅做太原副留守，主要任務是監視李淵。李淵進進出出都有兩個人跟在後面賊眉鼠眼的盯著他，這讓他感覺非常難受，可是他又沒辦法發作。

李淵的二兒子李世民見隋朝的統治已是風雨飄搖，而楊廣又不信任他們李家，只有奪取政權李家才能有出路，天下才不會繼續生靈塗炭下去。李世民去找李淵商量此事。

李世民：「王大人，高大人都在呢啊？」

王威：「我們是副手嘛，跟著唐國公是理所應當的事情。你找你爹爹什麼事，儘管說吧，咱都不是外人。」

李世民：「我是想要告訴我爹，副留守府剛剛好像著火了，你們看……」

王威和高君雅順著李世民指的方向看去，但見南方烈火熊熊，濃煙滾滾，著火的地方正就是他們的府邸所在。兩人大叫著「救火呀……」衝了出去。

李淵看著遠去的兩名副留守的背影，長處一口氣道：「總算可以一個人待一會兒了。」

李世民：「爹爹你現在是不是感覺到了前所未有的輕鬆感。」

李淵：「是啊，這種感覺就像春天來臨了，脫去了厚厚的冬裝一樣的美妙動人。」

李世民：「現在農民起義風起雲湧，隋朝的統治就像被咬掉底部的蛋卷霜淇淋一樣，隨時都有可能從下面漏出去。正是我們幹一番事業的好時候。」

李淵：「你在說什麼啊？」

李世民：「你工作那麼認真，楊廣卻還不相信你，竟然派人來監視你，派人來監視也就罷了，竟然派兩個男人來監視，難道你還能忍得下去麼？」

李淵：「你怎麼可以說出這樣大逆不道的話？雖然被兩個男人監視是有點噁心，但是我也絕對不能做出對不起皇上的事。」

李淵說完便拂袖而去了。看來直接勸他起事是不可能的事情了。李世民去找劉文靜給他出主意。劉文靜當時正在牢房裡面，原因是他得罪了楊廣的一個寵臣。

李世民走進牢裡的時候劉文靜正在唱歌：「沒自由，我失自由，傷心痛苦眼淚流……」

李世民：「像劉兄這樣正直的人都被關進牢房，實在是沒天理哇！」

劉文靜：「唉，這樣的天下，還有什麼天理可言呢？除非能有漢高祖、光武帝那樣的人出現，天下才會有救。」

李世民：「這裡就有那樣的人呀。」

劉文靜左左右右的看了一番道：「在哪裡，在哪裡？」

李世民：「往前看，就在你眼前。」

劉文靜：「第一眼看到你，我就覺得你氣宇軒昂，卓而不凡，現在看來我真的沒有看錯人。現在天下大亂狼煙四起，而楊廣卻只知道帶著美眉在江南遊玩，真是起義的好機會。你父親手下怎麼說也有幾萬軍隊，如果你們能夠揭竿而起的話，天下群雄一定會前來追隨，不用多少時間你們就可以殺到長安奪得天下了。」

李世民：「可是我老爸他不願意起義吶……」

劉文靜：「我有辦法。」

他給李世民耳語了一番，聽得李世民心花怒放。

翌日，李世民便請了晉陽宮太監裴寂吃飯。裴寂是個有道德的人，不久之後又回請了李

世民。不想幾天之後李世民又請他吃飯，他於是又回請李世民……這樣一來二去大家已經很熟了。李世民找了個機會對裴寂說：「皇上不信任我們李家，還派人來監視我們。現在天下大亂，政局早晚是要大變的，我決心趁此機會幹一番事業，可是我老爸不應允，你有什麼辦法沒？」

裴寂：「我絕對支持你起兵造反。你老爸那邊就交給我吧。」

第二天裴寂便請了李淵到府上吃飯，酒酣耳熱之際李淵說：「多謝裴公公送給我的那兩個美女，我真是愛死他們了。」

裴寂：「唐國公不說我還差點忘了。那兩個女子是宮女，也就是皇上的女人。你把她們放在你府中的事情估計被人知道了。」

李淵：「啊……泡大嫂是死罪啊，況且我還不止是泡她們那麼簡單。」

裴寂：「這下你完蛋了。」

李淵嚇得不知道如何是好，只是在房裡急得走來走去。

裴寂見時機已到，便對李淵說：「你兒子李世民也知道了這件事情。他爲了能夠保住你，正在招兵買馬準備反隋呢。」

李淵：「……真沒想到世民這麼懂事，能幫他老爸解決泡妞惹來的麻煩。公公你的看法呢？」

裴寂：「當然是先下手爲強了，唐國公你別再猶豫了。」

李淵又一次陷入了沈思之中，接下來的幾天，李淵在起事與不起事之間來回徘徊，彷徨得廢寢忘食。正在這時那兩個美眉又跑來告訴他說：「你的部下平亂失利了，這下皇上要懲罰你了。」

李淵：「爲什麼，爲什麼你們要是皇上的女人呢？又爲什麼在這個時候部下們那麼不爭氣呢。」

美眉：「來，相公，不要那麼煩惱了，我們親你一口。」

李淵慌忙避開：「我不能一錯再錯了。」

美眉：「你已經染指過我們了，還不如將錯就錯了吧……」

李淵看著眼前的這兩位美眉，自殺的心思都有了。就在這時走進來一個非常魁梧偉岸的男子：「你還在猶豫什麼？」

李淵：「你走近一點，我看不清楚你是誰。」

那人走近幾步，原來正是李世民。

李世民：「別在猶豫了。我也不是胡亂說要起義的，現在隋軍已經不堪一擊了，只要你一聲令下。我們立刻就可以奪得天下，而兩位美眉也完全就是你的了，這麼好的事情老爸你還猶

豫什麼？」

李淵：「唉，我的一世英明啊。」

第二天楊廣派人送來聖旨，命令李淵親自帥軍去平定叛亂。李世民對李淵說：「叛亂平定不了，我們李家完蛋，平定了叛亂，楊廣更加嫉妒我們的能力，李家同樣完蛋。」

李淵思討了半響之後道：「起義就起義吧。」

目前雖然他們有一定的兵力，可是如果跟隋朝的兵力比起來還是有一定的距離。李世民決定公開招兵。他讓李淵對兩個家裡剛剛著過火的副留守說：「皇上讓我們立刻去平叛，可是得離得那麼遠，怎麼辦呢？」

副留守：「將在外，軍令有所不受，留守你來決定吧。」

李淵開始名正言順的招兵，所招到的兵馬都由他的親信率領，一時間實力大增。王威和高君雅見狀，決定暗殺李淵，消息走漏，李世民殺了他們先。不久之後李淵正式起兵，在沿途人民群眾的擁護之下一路殺到了長安城。立十三歲的楊侑爲皇帝，是爲隋恭帝。隋煬帝楊廣死後，李淵廢除了隋恭帝自己當了皇帝，改國號爲唐。

李世民性格豪爽，爲人耿直，加之在建立唐朝的過程南征北戰立下了汗馬功勞，朝中的大臣如長孫無忌、尉遲敬德、秦叔寶等人都在他的帳下，勢力在朝中無人能比。唐高祖李淵好幾次動了廢除現在太子李建成，改立李世民為太子的念頭，都被李世民以改立太子必招致動亂而拒絕。李建成聽說之後和弟弟李元吉一起聯合起來準備除掉李世民。

李淵是性情中人，當初因為接受了兩名宮女騎虎難下而起義，當了皇帝之後更加放肆的縱情於眾嬪妃之中。李建成見狀，開始巴結這些嬪妃們。李世民卻不理睬這些嬪妃的要求。他打下東都回長安之後，那些嬪妃們以為他肯定收入了很多銀子，紛紛向他索要，李世民道：「銀子是扛回來了很多……」

嬪妃：「那就分我們一點吧，我們的要求也不多。」

李世民：「不過全都上繳國庫了。」

嬪妃：「……李世民，你等著。」

她們回去就跟唐高祖說了很多李世民的壞話，唐高祖心中對李世民已有所不滿。

又一次，淮安王李神通打仗立了功，李世民便將一塊田地賜給了李神通。正好一個妃子的老爸也想要這塊地。那名妃子便跑去哭著對李淵說：「那塊地皇上你已經批准給我爹了，李世民卻送給了他的手下。看來秦王是比你這個皇上權力大了。」

李淵見自己的女人受了委屈，非常生氣，找來李世民痛罵道：「你身為堂堂一個男子，怎

麼忍心搶這樣柔弱的一個女子的東西？」

從此之後李淵開始疏遠李世民，並決定不再改立太子。

李建成見李淵已經疏遠了李世民，便決定放開手腳乾脆做掉李世民。一天李建成、李世民、李元吉陪伴李淵去打獵。李建成牽來一匹馬給李世民。

李建成：「這是胡人送給我的一匹好馬，牠可以跳過數十米寬的壕溝，二弟你是跑馬能手，騎上去試試看吧。」

李世民聽了李建成的話跨上了馬，那馬即刻狂奔而去，風馳電掣般的。

李世民從來沒有騎過這麼快的馬，緊張得大喊道：「你要馱我到什麼地方去？」

那馬邊跑邊說道：「對不起，我是一匹沒有方向感的馬，只管往前跑，不管方向。」

李世民：「……停下，停下……」

馬：「停下就停下，有什麼大不了的。」

說著牠便來了一個急剎車，李世民從馬背上向前飛了出去，重重的摔在了地上。遠處，李建成他們看著李世民的衰樣，一起大笑。李世民不服，又爬上了馬背。

馬：「還敢來？」

說著牠又擡起前蹄，將李世民向後甩了出去。那匹馬跑過去擡起前蹄，想要踩死李世民，幸虧李世民眼明手快，連忙從口袋裡掏出一盆仙人掌朝將要踏下來的馬蹄迎上去。那匹馬被紮得「嗷～嗷～」直叫，捂著兩隻前蹄就跑了。

李建成一計不成又施一計，幾天之後他和李元吉在太子府請李世民吃飯，並在李世民的酒中下了毒，這次宮女沒有端錯酒杯，李世民真的中毒了。不過好在毒藥已經過期，而且搶救及時，李世民在家修養了一陣子之後總算是康復了，不過從此之後李世民再也不敢去李建成家吃飯了，也不敢騎來歷不明的馬了。李建成無計可施，決定從瓦解李世民的勢力先。

他命人扛著黃金跟著他去找李世民手下的猛將尉遲敬德。

李建成：「只要你跟了我，這些黃金都是你的，而且將來我當了皇帝之後還會重用你。如果你不從的話，你的仕途就此結束了。」

尉遲敬德：「是秦王慧眼識英雄，一步步提拔我起來的。我不能背叛他。況且一個這麼容易就背叛主子的人，太子你還想要麼？」

李建成：「沒事，我不會嫌棄你的。」

尉遲敬德：「可是，我會嫌棄你。」

李建成怒氣衝衝的離去了，不久之後他就誣陷尉遲敬德偷吃皇宮後花園裡面的桔子而放逐了他。之後李建成又以各種理由放逐了李世民身邊的謀士房玄齡、杜如晦等人。李世民身邊就

剩一個長孫無忌了。長孫無忌天天勸說李世民除掉李建成和李元吉，李世民始終不為所動。

不久之後，突厥大舉入侵，李建成向李淵建議讓李元吉帶著李世民的兵馬去平定突厥，想要借此消弱李世民的勢力。李淵同意了李建成的建議。李世民手下的將領們都不願意受李元吉的領導，紛紛請求李世民奮起反抗，誅殺李建成和李元吉。並以離開朝廷做為威脅，李世民終於答應了他們。

當天夜裡，李世民前去找李淵。

李世民：「太子李建成和齊王李元吉收買你的妃子，讓她們在你面前說我壞話，而且還好幾次想要加害於我。」

李淵：「不會吧……」

李世民：「騎馬那次是你親眼所見，那匹馬就是李建成安排的。」

李淵：「馬，怎麼會接受人的安排呢，牠又不是白龍馬。」

李世民：「李建成請我吃飯的時候還在酒裡面下毒，好在毒藥過期了我才僥倖保住性命。」

李淵：「……這麼歹毒，明天早晨我叫他們兩個前來對質，你也過來。」

第二天一大早李建成約了李元吉一起從玄武門進宮。他們發現一路冷冷清清，他們手下的宮廷衛隊此時此刻一個都不見了。

李建成：「我怎麼有一種不祥的預感。」

李元吉：「我的右眼也跳得非常厲害。衛隊的人怎麼一個都不見了？」

李建成：「是不是還沒有起床？」

兩人決定先回家再說，他們剛剛轉身，李世民便從後面閃了出來。

李世民：「太子等等，還沒有進宮呢怎麼就要走了？」

李建成：「其實我們是剛剛從宮裡出來的。剛剛我們是在練倒著走路。」

李建成邊說邊拿過身邊一個侍衛的弓，想要射死李世民，卻不料那個弓怎麼拉都拉不開。

李建成：「你這是什麼破弓，怎麼拉不開？」

侍衛：「這把弓的全名叫做『只讓主人拉開之弓』，也就是只有我才能拉開的，你要射誰，我幫你。」

李建成還沒有來得及把弓還到侍衛手上，李世民射出的箭已經飛過來插到他胸口上了。尉遲敬德率領著七十名騎兵趕來，遠遠的他一箭射來，李元吉應聲而倒。不過這一箭只插中了李元吉的小腿，李元吉慌忙往旁邊的樹林子裡面跑去，李世民追將上去。這片樹林子裡面生長著一個女性的樹精，她見李世民長得比較儀表堂堂，便伸出很多樹枝將李世民纏繞了起來。李元

隋唐•

吉見狀，折返回來使出鷹爪弓緊緊掐住李世民的脖子，企圖徒手掐死他。尉遲敬德策馬趕來，一箭射死了李元吉。

樹精：「對不起，我真的不是有意要纏住你讓李元吉掐的。剛剛纏得太緊了，一時來不及鬆開。」

……

此時李建成和李元吉安排的人馬正在進攻李世民的秦王府。他們從房頂上往裡扔著石頭、臭雞蛋、番茄等物，試圖將裡面的守軍砸死，而裡面的守軍都打著雨傘頂著門，做著積極的反抗。尉遲敬德提著李建成和李元吉的人頭趕來，圍攻的人見老大都死了，便當即散去了。尉遲敬德沒有換衣服就衝進了皇宮，李淵正和後宮的美眉們划著船採蓮子玩呢，見尉遲敬德穿著盔甲拿著刀槍衝進來，嚇了一跳。

李淵：「你穿成這樣到宮裡來幹嘛?嚇壞美女們你擔當得起麼?」

尉遲敬德：「要不是秦王英明，皇上現在恐怕已經被太子和齊王幹掉了。」

李淵：「不解。」

尉遲敬德：「他們怕當著你的面對質，對質出他們的險惡用心和下流的作爲，今天早上他們起兵叛亂，秦王帶兵平定了他們。太子和齊王都在戰鬥中掛了。」

李淵：「啊……那你說我該怎麼辦呢？」

尉遲敬德：「改立秦王為太子。」

李淵見兩個兒子都死了，眼前的尉遲敬德又拿著刀，只好答應了改立太子，並將所有的國家大事交給太子處置。幾個月之後，李淵見李世民將國家大事處理得井井有條，朝中大臣也都很敬重李世民，便決定自己退居二線去陪伴後宮美女。李世民就此繼承了皇位，改元貞觀。

韓冬 Say

・人們經常會為傳統的陳規或者思想影響自己的判斷能力，李家起事無論從天時、地利、人和來說都是很完美的，而且於人民，於李家都是有利的。李淵卻始終堅持不能犯上，差點失去時機，死於非命。決定事情要審時度勢，萬不可墨守陳規。

・一個好漢三個幫。若要事業有成，還是應該有幾個信得過，靠得住的兄弟。至少，你在心情鬱悶想喝酒的時候可以有個人陪著。李世民如若沒有幾個好兄弟，也不會奪得天下了。

・讓一個人心慌意亂的最好最簡易的方法是讓他的後院起火。

穿越時空

李世民是個不錯的男人，至少在人品方面沒什麼問題，同時也沒什麼不良嗜好。在他的統治之下，唐朝發展得不錯，人民安居樂業。在他繼位二十多年後，民間忽然爆出一個傳聞，說是唐家的江山傳到三代之後，會有一個姓武的女人奪取天下。

這個傳聞的爆出據說是這樣的。有個生活在二十一世紀中國的名叫韓冬的男子非常喜歡看歷史書，總想著能回到古代去親眼見證一下歷史，體會一下中國古代女子的溫柔婉約。有天他看了一部名叫《無極》的電影，大受啓發，原來人如果跑得比光速快，就可以穿越時空了。他試了各種各樣的跑法，也動用了諸如跑鞋、溜冰鞋、三輪車之類的工具，卻始終都沒能跑過光速。然而這世間沒有什麼問題是能夠難得住聰明伶俐的他的，終於他還是想出了一個辦法，成功的跑過了光速而跑到了唐朝。下面將可以跑得比光速快的方法奉獻給大家，大家有事沒事的時候可以試試看：

進行時間：伸手不見五指的黑夜

需要裝備：跑鞋、手電筒

實施方法：將手電筒握在右手之中向身體後方伸出，手腕離身體的距離決定了你能跨越的時空的長短，離地愈近跨越的時空也就愈短。注意，在此時你的手電筒應該呈關閉狀態。左腳邁出一大步，右腿蹬直，呈弓步狀。將全身力氣集中於雙腿之上。口中默念「三……二……一」，之後用力的往前跑，起跑的同時打開身後手中的手電筒。你就會發現你跑在了手電筒射出的光的前面，恭喜你，超過光速了。保持這樣的姿勢大約跑一百米左右的樣子，你就可以穿越時空到達古代了。

韓冬到達古代之後，只待了一天就待不住了，因爲這裡沒有電腦、沒有網路、更沒有手機。夜晚的時候，他便用同樣的方式返回了二十一世紀。爲了不影響歷史發展，他回到唐朝什麼事兒都沒幹，就只透漏了一句：「三代後，李家的天下會被一個姓武的女人霸佔。」

很快地，這句話就傳遍了天下，唐太宗李世民聽說之後非常緊張。他在大宴群臣的時候跟大臣們玩了一個遊戲，讓在場的人說出自己的小名。

「我叫軍軍。」

「我叫狗蛋。」

「我叫有財。」

「我叫五娘。」

「我叫淑芬。」

李世民：「等等，倒一下帶，上一個叫什麼娘的那個是誰？」

李君羡：「皇上，是我，我的小名叫五娘。」

在場的大臣們見堂堂的猛將李君羡竟然叫這樣的小名，頓時笑做一團。李世民心道：「這也太搞了吧，這麼大的一個男人莫非就是傳說中的那個姓武的女人？」

事後李世民派人查了李君羡的資料，發現他的爵號、官銜、籍貫、女朋友的名字……之中都有一個「武」字，便認定了李君羡就是傳說中的那個要奪李家江山的武姓女人。不久之後藉口一個地方的治安混亂，需要一個猛將去治理而把李君羡貶去了一個邊遠地區。後來李世民覺得還是不保險，便派人去殺了李君羡。

其實韓冬說的那個武姓女人並非李君羡，而是武則天。武則天的父親本來是個農民，之後靠濫砍濫伐樹木製作衛生紙和牙籤而發了財。李淵在太原起兵的時候他捐了不少錢。李淵建立唐朝之後，武則天的父親便當了官。後來李世民聽說武則天長得漂亮非常，就將她召進了宮中，當時的武則天只有十四歲。進宮之後武則天的身分跟宮女差不多，整天就是打掃衛生，做健美操什麼的，不過武則天從未放棄過被李世民寵幸的夢想。

機會總是垂青那些有準備的人。有次李世民上廁所忘了帶紙，正在發愁之際，有人從隔壁遞過來香巾一張。李世民感動得幾乎流淚。出了廁所之後便問道：「剛剛是誰遞的紙？」一個嬌小可愛的女子走上來道：「皇上，是奴婢我。」

李世民：「你叫什麼名字？」

女子道：「武則天。」

李世民見武則天漂亮可人，而且與他有恩，當晚便寵幸了武則天，並且賜給她一個名字叫「媚娘」。

遵照唐太宗病重期間的要求，他死後，他的所有的女人都被送進了寺院之中當尼姑。武則天也在其中，她整天敲著木魚摸著光頭發愁，這樣寂寥的日子什麼時候才會結束啊……有一天唐高宗李治前來廟裡燒香，武則天敲著木魚到大殿裡面在李治面前唱了一曲「般若波羅密多心經」，吸引了李治的注意力。

李治：「你是……看著好面善啊。」

武則天：「我們在宮中見過的，我就是武媚娘呀。」

李治很久以前就暗戀上了武則天，沒想到今天能在這裡見到她，心中不禁湧上一陣溫暖的激流，而體內的荷爾蒙也在剎那之間分泌了許多。武則天見李治盯著她看的目光那樣的火熱和淫蕩，便明白了這是一個離開這個鬼地方的絕佳機會。四目相對，宛若塵世間就只剩下了他們兩個，他們慢慢的靠近了彼此。就在這時，一個牌子忽然擋在了他們中間。

李治：「什麼事，什麼事？」

方丈：「皇上施主請看牌子上的字。」

李治：「靠太近了看不到。」

方丈將牌子拿遠了一點，道：「現在看到了吧？」

李治：「大殿重地，嚴禁打啵……了解，了解，我剛剛只是有那麼一點點衝動……」

李治依依不捨的離開了寺廟，回去之後便開始茶不思，飯不想。

王皇后：「皇上你怎麼了？飯也不吃，覺也不睡的。」

李治：「吃不下，睡不著。」

王皇后：「是不是失戀了？」

李治：「咦，你怎麼知道？」

王皇后：「能讓男人茶不思，飯不想的事情除了失戀，還能有什麼？說吧，你看上哪家閨女了？」

李治：「我要是看上哪家閨女倒好辦了，我是皇上嘛，我說要誰家閨女，他還敢不巴巴來送到我懷裡。可是對方是個尼姑……」

王皇后：「啊……尼姑？」

李治：「而且以前是我爹他的嬪妃……」

王皇后：「啊……你竟然喜歡上你爹的嬪妃而且是個尼姑，這樣的事情實在是太……正常不過了。只要她人好，長得漂亮，你管那麼多幹嘛？男人就應該能為爭取自己的愛情而不顧一切才對。」

李治聽完王皇后的話激動地久久說不出話來：「皇后，你真是太好了，我愛你。」

其實女人都是自私的，王皇后怎麼可能鼓勵自己的男人去泡別的女人呢。問題是現在宮中還有另外一個女人——蕭妃，跟她爭李治的寵。王皇后的打算是將武媚娘弄進宮來做自己的心腹，兩人聯手排擠蕭妃。武則天剛剛進宮的時候對王皇后百依百順，王皇后因此經常在李治面前誇武則天的好。李治也徹底的愛上了武則天，不久之後被封為「昭儀」，也就是妃子。李治和她如膠似漆，整天纏綿在一起，漸漸的疏遠了王皇后和蕭妃。王皇后這才發現情況不對了，便又聯合蕭妃在李治面前說武則天的壞話。

王皇后：「正所謂胸大無腦，武則天顯然是一點腦子都沒有的人。」

李治：「你以前不是總說武昭儀聰明伶俐麼？」

王皇后：「……以前我沒有看清楚她有多大嘛。」

蕭妃：「皇上，她可是太宗的妃子呀，也就相當於你娘了，你這樣搞，傳出去很不好的。」

李治：「男人應該爲爭取自己的愛情而不顧一切！你們不要再說了，媚娘在我心目中是最好的。」

對於武則天來說，僅僅受李治的寵愛是遠遠不夠的，她還需要一個名分，一個皇后的名分。她便開始思考除去王皇后的方法。一天，王皇后又來逗武則天生的女兒玩。

王皇后：「唉，我怎麼就生不出來個孩子呢？哪怕是個女兒也成啊。」

武則天：「皇后就把我的女兒當成你的孩子吧。你先玩著，我出去下。」

武則天溜出去找了一塊石頭開始摩拳擦掌，王皇后玩了一會便走了。武則天悄悄溜進去，掐死了自己的親生女兒，然後給她蓋上了被子，又溜了出去。跟李治玩了一陣子之後，她拉著李治去看女兒。掀開被子便看到了女兒的屍體，武則天哭得死去活來。

李治：「剛剛誰來過這裡？」

下人：「人，只有皇后來過。至於鬼和神仙，我們看不見，不知道。」

武則天大哭道：「王皇后掐死了我的女兒，我可憐的女兒呀……」

李治大怒，至此下了廢除王皇后，立武則天爲皇后的決心。

朝中大臣在此事上分成了兩派，以長孫無忌，褚遂良爲首的老臣們不贊成廢除王皇后；以許敬宗、李義府、李勣爲首的少壯派贊成廢除王皇后，立武則天爲皇后。

長孫無忌：「王皇后是名門之秀，性格好，又有內涵，母儀天下，怎麼可以說廢除就廢除呢？」

李治：「你覺得她那麼好，那送給你算了。」

長孫無忌：「……」

褚遂良：「武則天的老爸原先只是個農民，她怎麼配做皇后呢？而且以前她是先帝的妃子，你立她爲皇后，會被人議論的。」

李治：「真正的愛情是經得起考驗的。」

重臣們便不再說話，不過臉上還是一副反對的樣子，李治不敢貿然行事，不得不將此事擱淺。幾天之後他去找掌握著軍權的李勣商量軍事，隨口說：「我想廢除王皇后，立武則天爲皇后，可是那些老傢伙們都反對，好煩啊。」

李勣：「愛情是兩個人的事情。那些老傢伙們懂什麼，你自己作主不就成了。」

李治大受鼓舞，終於在西元六五五年冬天廢除了王皇后，立武則天爲皇后。

當了皇后之後，武則天先是流放了說她壞話的褚遂良，接著派了一隻蜘蛛精去嚇得長孫無忌爬上了房樑上吊，然後又流放了所有反對立她爲皇后的大臣二十多人。王皇后和蕭妃也被她

打入了冷宮，不久之後的一個夜晚，她派人去將冷宮的冷氣開到最大，將王皇后和蕭妃活活凍死在了冷宮之中。自此朝中的大臣多半都成了武則天的勢力。

武則天趁李治睡著的時候，對著他的頭吹風，李治於是中了風。眼睛看不清，耳朵聽不見，便將朝廷大事交給了武則天處理。武則天將朝政處理得井井有條，得到了大臣們的尊敬。漸漸的朝政大權完全落到了武則天手中，李治說話已經不管用了。非常有挫敗感的李治秘密找來宰相上官儀商議此事。

李治：「皇后現在太霸道了，朝中所有的事她都自己決定，完全無視我這個皇上的存在。」

上官儀：「舉個例子先。」

李治：「比如說前兩天，我讓南方進貢鳳梨，她卻命南方進貢香蕉，結果我只有跟著她吃香蕉……我覺得自己好失敗啊……」

上官儀：「這個簡單啊，你可以像廢除王皇后那樣廢了她嘛。」

李治：「好！不過我中風了，眼睛看不清楚，你幫我寫廢除皇后的詔書吧。」

他們的對話和行爲已經被躲在門外的武則天的親信聽到和看到了。親信一溜煙跑去彙報了武則天。武則天趕來的時候，上官儀剛剛將寫好的詔書交到李治手上。

李治：「看不清，還是你念給我聽吧。」

武則天走進來說：「我來給你念吧……」

李治嚇了一跳，想將詔書藏起來，卻在慌忙之中不知道藏到什麼地方，只得扔進站在一側的上官儀的懷裡。

李治：「不關我的事，真的不關我的事。老婆我有多愛你，你應該知道的。」

武則天：「那關誰的事呢？」

李治：「……關……關……他的事。」

李治指的正是低著頭站在一旁的上官儀：「一切都是他搞的，你看那個詔書，也是他的筆跡，完全是他寫的。」

上官儀：「禽獸啊……竟然出賣我……」

上官儀被拉出去砍了頭，罪名是亂寫亂畫外加罵皇上是禽獸。從此之後再也沒有人敢在李治的面前說武則天的不是了。

李治怕他死後天下會落到武家人手中，便決定乘他還活著的時候，把皇位傳給太子李弘。

武則天得知這個消息之後，請李弘來她房間喝酒。

武則天：「弘兒你也是個大男人了，該學會喝酒了。」

李弘：「這不會是毒酒吧。」

武則天：「我是你的親生母親，哪有親生母親毒害自己的兒子的？」

李弘聽武則天這麼說，便將酒杯中的酒一飲而盡。須臾之後，便開始七竅流血。

李弘：「原來真的是毒酒……」

武則天：「兒子，媽也不想吶。」

李弘死後，武則天立次子李賢爲太子，不久之後又將李賢貶爲平民，改立第三個兒子李顯爲太子。

李治被武則天折騰得死去活來，索性在西元六八三年永遠的閉上了眼睛。李顯繼承了皇位，是爲唐中宗。武則天則以皇太后的身分參與朝政。李顯重用韋皇后家的人引起了武則天的不滿，她又將李顯廢除，立四兒子李旦爲皇帝，是爲唐睿宗。武則天一手把持朝政，不准唐睿宗參與。老臣們對武則天的行爲非常不滿。朝中有個名叫徐敬業的大臣，被武則天降職後非常不滿，便在揚州公開起義反對武則天。武則天派了三十萬大軍，在四十多天之內就平定了徐敬業的叛亂，並殺了替徐敬業說好話的宰相裴炎和大將程務挺。

西元六九〇年，武則天六十七歲，她見登基的時機已到，便命令唐睿宗和滿朝大臣向她上書，請求她親自擔任皇帝並改國號。武則天下令廢除了唐睿宗，並改國號爲周，自稱「聖神皇帝」。

武則天終於得嘗所願了，可是有一件事情一直都困擾著她：自己總會死的，死後將皇位傳給李家人呢還是傳給武家人呢？傳給李家人的話，那這麼多年來她不是白幹了。傳給武家人的話，她的侄兒們到底能不能靠得住還未可知。斷案高手狄仁傑對武則天說：「中國自古以來都是傳位給自己的兒子，到時候你死了，你的牌位還可以放在皇廟之中永享祭祀，如果你傳位給侄兒的話，他們把你的牌位擺在什麼地方呢？說不定會直接扔到廁所裡頭去。姑侄關係和母子關係相比起來，當然是母子關係近一點了。」

武則天深以爲然，終於在西元六九八年，將李顯從流放地接了回來重新立爲太子。

朝廷穩固之後，武則天開始專職享樂，她在宮中養了好多小白臉供自己把玩。所以大家如果看到《武則天的後宮生活》這樣的電影就知道一定是少兒不宜的了。在所有小白臉當中，武則天最喜歡的是張易之和張宗昌兄弟。而他們兩個也依仗著武則天的喜歡整日遊手好閒，調戲大臣，從揪老臣的鬍子到群毆大臣，他們都幹過。大臣們對這兩位兄弟都敢怒不敢言。

西元七〇五年，武則天得了重病，躺在床上動彈不得。宰相張柬之決定趁此機會幹掉那兩個姓張的。這個決定得到了大臣們的擁護，有幾個八十多歲的大臣自告奮勇的要騎著馬去手刃

張氏兄弟。張東之先去東宮迎接太子李顯。

張東之：「我們現在要去剷除小白臉張氏兄弟，太子你跟我們一起去吧。」

李顯：「……皇上正在病重之中，這樣做會打擾到她的，還是往後再說吧，我要睡覺了，你們回去吧。」

老臣：「你看我這麼大歲數的人都決定參加這件大快人心的事情，你怎麼可以退縮？」

李顯：「我真的好睏呀，你們走先，我隨後就到。」

李顯說著就要上床躲避，張東之一聲令下，侍衛們衝上去將李顯抱上了馬。

李顯：「不要呀，我有懼高症……」

眾人不顧李顯的呼喚，硬是將他拉到了皇宮之中。找到了正在做伏地挺身鍛煉身體的張氏兄弟，眾人衝上去一陣亂砍。張氏兄弟死於亂刀之下。接著他們又去到武則天的房間。

武則天：「你們這是幹嘛？又是刀又是棍子的。」

張東之：「張易之和張宗昌兄弟犯上作亂，我們在太子李顯的命令之下誅殺了他們。」

李顯聽宰相這麼說，慌忙喊道：「不關我的事……哎喲。」

他的話還沒喊完，屁股上就被人狠掐了一手。

武則天心道：「看來這幫人今天是想要造反，安撫他們先，完了之後再收拾他們。」

武則天對張東之說：「是你挑的頭吧？既然已經搞定了，那就回去吧。」

李顯：「好耶好耶。」

李顯說著就要往外走，張柬之攔住了他。

張柬之：「現在我們走了，等會你要下令殺了我們我們也沒辦法啊。你要當著眾大臣的面將帝位傳給太子才行。」

武則天見這麼多人拿著刀槍盯著她看，便無奈的同意了張柬之的要求。當天下午，武則天被人擡到了上陽宮，外面都是李顯的人在把守。不久之後便死在了上陽宮。

韓冬・Say

・正所謂捨不得孩子套不著狼，武則天竟為了當皇后真的弄死了自己的孩子，何其狠心，何其大氣啊。我不是鼓勵你們弄死自己的孩子去換取什麼，只是一個類推，如果送出一些東西可以得到更多的東西，就要堅強的送出去，哪怕是你再心愛的。

・失戀乃人間常有之事，切勿在失戀的時候用不吃不喝或者抽煙酗酒來表現自己的失落，那是不成熟的未成年人才做的事。

・怯懦來自於對不該恐懼的事情的恐懼。

南方的香蕉熟了沒

唐玄宗李隆基在一批正直而又有能力大臣的輔佐之下，創造了「開元盛世」。當了二十多年的太平天子之後，他卻開始追求享樂，認人唯親了。宰相張九齡看到這種情況之後，非常著急，好多次勸唐玄宗將精力放到治理國家上來，唐玄宗都不聽。這個時候出現了一位史上著名的奸臣李林甫，他除了溜鬚拍馬之外，基本上什麼都不會。通過多年的經營，他勾結到了宮中的很多宦官和妃子，探聽唐玄宗的動靜，所以唐玄宗想什麼、要什麼，他都能事先知道得一清二楚。

有一次唐玄宗前一天隨口念叨了一下：「這兩天天氣真熱哇……」第二天李林甫就給唐玄宗送來了一把扇子，兩根冰棍。

又有一次唐玄宗隨口說：「不知道南方的香蕉熟了沒有。」李林甫第二天就提來一串香蕉送到唐玄宗手上，並說：「熟了。」

唐玄宗心道：「不會這麼神吧……」

於是他在遊園的時候，故意在眾太監面前說：「聽說這個世界上除了地球人，還有外星人。不知道外星人長什麼樣子，真想親眼看看。」

第二天李林甫上早朝的時候，當真扛著一個外星人來送給了唐玄宗。

李林甫：「活的沒有，只有一個標本。不過還是可以看清楚他的本來面貌。」

唐玄宗讚歎道：「生我者父母，知我者李林甫啊。」

從此之後，唐玄宗對李林甫寵愛有加，經常和李林甫商量國家大事。

李林甫知道唐玄宗非常寵愛惠妃，也很喜歡惠妃的兒子壽王，心想廢除現在的太子，將壽王立為太子，可是又不好意思跟大臣們說。李林甫便找到惠妃說：「我一定會竭盡全力輔助壽王成為太子的。」

惠妃感動地說：「原來你不但是皇上的知音，也是偶的知音呀。正所謂滴水之恩，當以湧泉相抱。我也會盡力幫助你成為宰相的。」

當晚惠妃就跟唐玄宗提了任命李林甫為宰相的事，唐玄宗也覺得李林甫是個人才，擔任宰相職務是再合適不過了。

第二天，唐玄宗找來宰相張九齡商議任命李林甫為宰相的事。

張九齡：「李林甫豆腐嘴，刀子心，將他任命為宰相，朝廷必受到很大的損害。」

唐玄宗：「你放心，即便將他任命為宰相，你也依舊可以當你的宰相。我並不是讓他取代你。」

張九齡：「我真的沒辦法接受讓這樣一個人來當大唐宰相，我看他當大堂經理都不夠資格。」

唐玄宗聽張九齡誹謗自己的知音，大怒道：「你只是張九齡而已，又不是張鐵林，難道每件事我都要聽你的不成？」

他還是將李林甫任命為宰相。李林甫事後得知張九齡反對他當宰相的事，將張九齡深深的懷恨在內心之中。一有機會就跟唐玄宗說張九齡的壞話。

唐玄宗終於將改立太子的事情提到了議事日程上來，他找來所有的宰相商議此時。

張九齡：「改立太子是很重大的事情，稍有不慎就會引起動亂，還是不改的好。」

唐玄宗：「壽王品德高尚，儀表堂堂，有大將風度，實在是繼承大唐江山的最佳人選。」

張九齡：「現在的太子也不錯啊，況且他又沒犯什麼錯誤。」

唐玄宗被張九齡氣得氣喘噓噓，李林甫只是站在旁邊閉著眼睛數綿羊，一句話也不說。散會之後他才對人說：「改立太子是皇上可以決定的事情，外人怎麼可以插嘴呢？」

話傳到唐玄宗的耳朵裡之後，唐玄宗更加生氣了，開始覺得張九齡是個食古不化的老頑固了。不久之後，張九齡就因爲總是給唐玄宗提意見而被罷免了宰相職務。李林甫大權獨掌。他將所有的諫官——就是專門給皇上提意見的官員，全都召集到一起說：「現在的皇上非常英名，我們做大臣的應該好好聽話就行了，不要多嘴多舌。儀仗隊裡面的馬，平常可以吃到最好的飼料，睡最好的稻草，如果在儀仗隊裡面亂叫的話，立刻就會被貶爲普通的馬。到那個時候再後悔就來不及了。」

諫官：「餓了也不能亂叫麼？」

李林甫：「不能！」

諫官：「被別的馬踩到蹄子也不能亂叫麼？」

李林甫：「不能！」

諫官：「看到有蜘蛛精站在宰相後面也不能亂叫麼？」

李林甫：「不能！……什麼，蜘蛛精……哇，蜘蛛精啊……」

還是有諫官沒有聽李林甫的話，第二天上朝就給唐玄宗提了意見，說他不應該在上早朝的時候嚼口香糖，因爲這樣看起來太跩，似乎很看不起眾大臣的樣子。唐玄宗只得將口中的口香糖吐出來，包好，不亂丟。

當天下午那個諫官就接到了命令，他被貶到一個非常偏遠的小山村去當村長了。從那以後，再也沒有諫官敢給皇上提意見了。

李林甫除了博唐玄宗的歡心之外，還大肆打壓有才能的人，以免有人會來搶他的位子。有一次唐玄宗在宮內的一個閣樓上觀看歌舞表演，一個名叫盧絢的大臣騎著馬從舞女中間穿過，爲了避免撞到舞女，他在馬上做了好幾個高難度的體操動作。

唐玄宗不禁讚歎道：「真是拉風啊，我要升他做馬場場長。」

李林甫心道：「現在做了馬場場長，說不定往後就是宰相了，不能讓他得逞。」

歌舞表演結束之後，李林甫就去找了盧絢的兒子，對他說：「皇上很喜歡你父親，交州和廣州都缺人治理，皇上打算讓你父親去，你們是什麼看法？」

當時的交州和廣州都屬於偏遠荒夷地區，到處都是野獸毒蟲，時不時還會有女野人跑出來強搶民男，根本沒有人願意去那個地方。

盧絢的兒子：「不要吧……」

李林甫：「想不去也可以，不過就要降職或者擔任收發室老頭之類的閒置。」

盧絢於是申請當去收發室，申請得到了李林甫的批准。

幾天之後，唐玄宗問李林甫：「那天那個在馬上做體操的人是誰？現在在什麼地方任職？」

李林甫：「他已經在他的新崗位上發光發熱了。」

唐玄宗：「什麼崗位？」

李林甫：「他自己申請的，去當了收發室的老頭。用他高超的馬術在宮中來回送信是再合適不過了。」

唐玄宗：「倒也可以成爲宮中一道靚麗的風景。」

不久之後，唐玄宗和李林甫閒談之間又回憶起了以前被貶的大臣嚴挺之。

唐玄宗：「嚴挺之有能力，文筆又好，實在是不可多得的人才。應該提拔一下他。」

李林甫心道：「這樣誇他，看來是想提拔他做宰相了，要搞定他先。」

出了宮後，李林甫直接去了嚴挺之弟弟的家中，對他說：「皇上很想念你哥，你可以跟皇上說你哥得了重病需要回京治病，這樣就可以調他回來了。」

嚴挺之的弟弟對李林甫的關懷深表感激，立刻給嚴挺之寫了信，嚴挺之按照李林甫的安排寫了一封奏摺說他得了老年癡呆症，需要回京治療。李林甫拿著那個奏摺給唐玄宗看。

唐玄宗：「嚴挺之還那麼年輕，怎麼會得這種病。」

李林甫：「這種事很難說的。有的人是六十歲的年齡，三十歲的心臟，比如皇上你；有的人是三十歲的年齡，六十歲的心臟，比如嚴挺之。看來只能給他安排點小事去做了。」

唐玄宗：「唉，真是可惜，本來我還想讓他當宰相呢。」

李林甫不但排擠朝中的大臣，對鎮守邊境的節度使也不放心。擔任朔方等四鎮節度使的王忠嗣曾經立下很多戰功，手下更有李光弼、哥舒翰等名將。李林甫怕唐玄宗將王忠嗣調到都城當宰相，便在唐玄宗面前說王忠嗣的壞話。

李林甫：「王忠嗣擁兵自重，據說他想要聯合太子謀權篡位。」

唐玄宗：「王忠嗣遠在邊關，而太子在都城，他們怎麼聯合呢？」

李林甫：「現在通訊工具那麼發達，又是信鴿又是快馬的，想聯合還不容易啊。難道皇上你沒有發現太子最近有什麼不對麼？」

唐玄宗：「你這麼一說我還真的想到了，以前每次他見了我都要問我好，昨天中午在後花園看到我，不但沒有打招呼，而且一溜煙的跑了。」

李林甫：「就是嘛，如果他心裡沒有鬼的話，爲什麼要跑呢？」

唐玄宗於是將王忠嗣押到了都城，準備處死。

王忠嗣大叫冤枉。唐玄宗便叫了太子前來對質。

唐玄宗：「說，是不是你和王忠嗣準備要聯合篡位？」

太子：「沒有啊……父皇冤枉啊。」

唐玄宗：「那前幾天的一個中午，爲什麼你見了我之後連招呼都不打就跑了？」

太子：「中午？……哦，那天我內急，沒有來得及。」

唐玄宗：「有那麼急麼？連打個招呼的時間都沒有？」

太子：「真的有那麼急！」

經過哥舒翰的苦苦哀求，加之他們也沒找出什麼證據來，最後王忠嗣還是被釋放了。忠肝義膽的王忠嗣氣不過，沒幾天就憂憤而死了。

李林甫覺得胡人沒有文化，不可能當唐朝的宰相，讓他們鎮守邊關對自己不會有威脅。便向唐玄宗極力推薦任用胡人。

唐玄宗：「胡人都喜歡胡來，不好吧。」

李林甫：「在皇上的英明領導之下，他們不會胡來的。」

唐玄宗：「還聽說胡人一般都有狐臭。」

李林甫：「只是任用他們鎮守邊關而已，放心吧皇上，再厲害的狐臭，它的氣味也絕對飄不到千里之遙的長安來。胡人能打，而且和朝中的大臣王子們都不熟，不用擔心他們聯合，這一點是最為重要的。」

唐玄宗又聽了李林甫的話，任命了很多胡人當節度使。其中的安祿山是唐玄宗和李林甫最喜歡的一個。

安祿山原名叫阿諾山，年輕的時候是邊境集市上的星探，整天在大街上晃悠，看見漂亮姑娘就走上去問：「你想當電影明星麼?」

通常被他叫住的姑娘見他大腹便便，不修邊幅的樣子都會落荒而逃，於是安祿山的生活就非常窘困。之後他加入了唐朝的邊防軍混飯吃，每回一上戰場他就躺在地上裝死，因為他身體肥大，經常能絆倒敵人的戰馬，敵人摔下馬來之後，安祿山便爬起來衝上去補一刀，一來二去立下了不少戰功。唐玄宗見每次彙報戰功的時候裡面都有安祿山的名字，便注意到了他，又因為安祿山善於溜鬚拍馬，不久之後被任命為平盧節度使。當了節度使之後，安祿山經常從邊境搜集奇珍異寶送到宮中去討好唐玄宗。除了奇珍異寶之外，他還經常送來少數民族將領的腦袋給唐玄宗邀功。

那些被他殺了的少數民族將領是這樣死的：安祿山用少數民族語言跟他們說，他其實並不是真的歸順於唐朝，而是在唐朝做臥底，一有機會他就會給少數民族人民謀福利。之後他就邀請那些少數民族將領到他的營房裡面吃肉喝酒。酒中是放了藥的，少數民族將領們喝不了幾杯就睡過去了。安祿山便不慌不忙的將他們的人頭割下來，包好送到京城去。周圍的少數民族人見那些將領都是有去無回，而且其中有很多將領是非常能打的，他們便開始懼怕安祿山，不敢在邊境上再生事。

有了這些功勞之後，安祿山經常被唐玄宗在京城詔見。

唐玄宗：「你肚子那麼大，裡面裝的都是什麼東東？」

安祿山：「只有一顆赤誠的心。」

唐玄宗大喜道：「好大一顆心哇……」

唐玄宗又讓安祿山去拜見太子，安祿山見了太子之後裝傻充楞，並不跪拜。

唐玄宗：「這就是太子殿下了，趕快跪拜呀你。」

安祿山：「太子是什麼？我的心裡只有你沒有他。」

唐玄宗開始暗爽：「太子就是將來的皇上，我死了之後他要繼位的。」

安祿山：「皇上萬歲萬歲萬萬歲，怎麼可能死呢？」

唐玄宗聽安祿山這麼說，幾乎暗爽到內傷。

安祿山認楊貴妃做乾媽，每次進宮的時候都會拜見楊貴妃先。

唐玄宗：「你為什麼先拜見她後才拜見我呢？」

安祿山：「我們胡人是先母後父。」

唐玄宗慈祥的撫摸著安祿山的頭說：「真是個好孩子啊，好孩子。」

唐玄宗和李林甫徹底地相信了安祿山，除了擔任平盧節度使外，又讓安祿山兼任了范陽、河東節度使，安祿山因此而控制了北方的大部分地區。通過這幾年和漢朝的官員打交道，他得知唐朝的兵力實際上並不強盛。他便在暗中開始做謀反的準備。他秘密擴充了兵力，提拔了史思明、蔡希德等一批將領，還任命熟讀孫子兵法和三十六計的漢族人高尙、嚴莊做他的謀士。接著又從邊境各少數民族的降兵之中挑選了最強壯的八千人，組成了史上最強的敢死隊。只等唐玄宗一死便發動叛亂。

這個時候李林甫已經死了，宰相是楊貴妃的哥哥楊國忠。楊國忠一直都看不慣安祿山，見安祿山有那麼多的動作，便對唐玄宗說：「安祿山要謀反了。」

唐玄宗：「我知道，你是因為他長得難看所以看不慣他，總要說他壞話。」

楊國忠：「他是真的要謀反了，不信的話你現在招他入朝，看看他敢不敢來。」

安祿山：「我來了。」

唐玄宗：「啊……這麼快?!」

安祿山：「忠肝義膽的我最怕的就是皇上你信不過我。楊國忠他看不起胡人，總在你面前說我壞話。」

說著，安祿山竟然大哭起來。

唐玄宗忙安慰道：「不哭了，不哭了胖墩，我不會聽楊國忠胡說的。」

安祿山：「你身體怎麼樣？」

唐玄宗：「很好啊，你怎麼忽然問這個問題？」

安祿山：「沒什麼，沒什麼。」

安祿山見唐玄宗的身體還很強壯，要等他死再叛亂的話，不知道要等到什麼時候去了。他決定現在就起兵。他上書要求唐玄宗撤掉范陽的三十二名漢朝將領，由他來自己任命胡人當將領。

唐玄宗寫信去問爲什麼。

安祿山回信說，因爲漢朝將領不喜歡吃羊肉，回回做飯還得給他們開小竈，太過麻煩。

唐玄宗又寫信去給安祿山說，讓他來京城商議這件事情。

安祿山說他的馬前兩天歪到腳了，沒法走路，而他又騎不慣別的馬，一騎別的馬就會暈馬，導致頭暈嘔吐。

唐玄宗這才感覺到安祿山有了反叛之心了。

西元七五五年十月，經過周密的準備之後，安祿山決定發動叛亂。正好有個官員從長安來范陽給安祿山送唐玄宗寫的信，安祿山便乘機假造了一份詔書對眾人說：「皇上讓我們打到京城去誅殺楊國忠。」

大將：「誅殺一個楊國忠要用這麼多軍隊去麼？」

安祿山：「皇上沒說，估計是楊國忠練成了玉女神功第九層吧……」

眾人見安祿山手上有唐玄宗的聖旨，便沒有再懷疑。第二天安祿山便帶著十五萬兵馬殺氣騰騰的向中原出發了。中原已經好久沒打過仗了，部隊平常的訓練也抓得不緊，很多士兵連馬都上不去了，安祿山一路打來，勢如破竹。唐朝部隊降的降，敗的敗，沒有多久黃河以北的地區就被安祿山攻佔了。

就在這個時候，鎮守潼關的唐軍又發生了內訌，安祿山很快的打下了潼關，再往前走就到長安了。唐玄宗慌忙帶著嬪妃和楊國忠等官員偷偷的逃往四川。有人前來給唐玄宗彙報軍情的時候，才發現唐玄宗已經不見了，長安城內頓時大亂，安祿山幾乎沒有遇到什麼反抗就佔領了長安。

卻說唐玄宗帶著眾人一路往四川方向奔去，到馬嵬坡時，他們內部又發生了兵變。禁軍殺了奸臣楊國忠。並威脅唐玄宗弄死楊貴妃，否則就不往前走了。唐玄宗和楊貴妃在這裡演繹了一場充滿了淚水和無奈的依依惜別大戲後，繼續往四川逃去。太子則跑去了靈武，在那裡繼位，史稱唐肅宗。

經過一番鏖戰之後，安史之亂終於在西元七六三年結束了。唐朝的根基被徹底地動搖了，盛唐從此走向了衰敗。

韓冬・Say

・你是不是同韓冬一樣看不慣那種靠溜鬚拍馬混飯吃的人呢？按說靠溜鬚拍馬上位的人一般都走不遠，最喜歡被別人溜鬚拍馬的人也該走不遠，然而現在的事情愈來愈難說了。所以，有時間有機會有心情的話，拍一拍也無妨，權當娛樂吧。當然，最重要的還是本身素質的建設提高，李林甫那樣的不可取。

・何謂養虎為患，唐玄宗與安祿山就是個很好的例子。如果你需要與人合作，或者因看中某人而栽培之，一定要考察好這個人的品性，在合作和栽培的過程中還要注意他的行為。以免到時候人財兩空，還要被氣到吐血。

・會被懷疑自言自語說人壞話的時候，不應該嚼口香糖，同時為避免跩的嫌疑，跟頭兒說話的時候也不要嚼口香糖。

七星神鞭

朱溫，宋州碭山人，小名朱三。本來他家也算得上是書香門第了，可是他父親死得太早了，家裡的書賣廢紙的錢剛剛夠安葬他父親的。之後他和他母親就到了一個地主家當長工，他媽給人洗衣做飯，打掃廳堂，他則放牛餵豬，伺候家禽。因爲他餵養不得法，他手底下的牛和豬愈來愈瘦了，雞也被他餵得不下蛋了。主人因此經常鞭打他，朱溫練就了一身挨打的本領。

有一年，流行瘋牛病和禽流感，他餵養的牛得了瘋牛病全都跑了，雞也死得差不多了。主人氣憤非常，這次換了鞭繩上帶刺的七星神鞭來打他。朱溫奪過主人手上的鞭子，將主人打了一頓之後說：「老子不幹了。」

說完之後頭也不回的去參加了黃巢起義軍。後來黃巢起義軍佔領了長安，建立了大齊政權，因爲朱溫在黃巢軍建立政權的過程中表現非常出眾，黃巢任命朱溫爲同州的防禦使。再後來黃巢軍在唐軍的猛烈攻擊之下節節失利。唐軍來進攻長安的時候，朱溫直接舉著雙手去投降了唐軍。唐僖宗熱情地接待了他。

唐僖宗：「你為什麼要投降？」

朱溫：「我不是投降，只是回歸而已。其實我一直都在黃巢軍中臥底，無時無刻不在盼望著唐朝的部隊殺回長安。」

唐僖宗：「哦，你是我們的臥底？你在黃巢軍中都做了那些破壞活動呢？」

朱溫：「很多很多。比如晚上給他們的官兵們講鬼故事，嚇得他們晚上惡夢連連，第二天手軟腳軟而沒有戰鬥力；還有半夜起床尿尿的時候，我會順便偷了他們的衣服丟掉，讓他們第二天早晨起來找不到衣服穿而貽誤戰機；還有悄悄的溜到馬廄裡面，在地上撒滿玻璃碴子，紮傷馬的蹄子，讓所有的戰馬跑起來一瘸一拐的……」

唐僖宗：「真是個幕後英雄啊，我封你做宣武節度使。不過你的這個名字似乎不太好聽，你老爸一定沒念過多少書。」

朱溫：「不是啊，我家是書香門第。我老爸死了之後，他的書賣廢紙都賣了不少錢。」

唐僖宗：「那就是他給你起名字的時候，你們家的豬正好生病了。既然你這麼忠於大唐，我就賜你一個名字『全忠』。」

朱全忠：「謝皇上。」

朱溫從此之後倒戈相向，加入了鎮壓黃巢軍的行列。

朱溫：「我有新名字了，幹嘛你不用呢？」

韓冬：「你在問我麼？」

朱溫：「不是你還有誰，在後面的文章裡面麻煩可以用皇上賜給我的新名字？」

韓冬：「不行，新名字打字太麻煩了。」

朱溫：「……」

唐僖宗又請來了少數民族貴族沙陀族的大將李克用，命他帶領幾萬兵馬和唐軍一起攻打長安城。他們將長安團團的圍了起來，切斷了黃巢軍的補給，黃巢軍軍心大亂，只好撤出了長安。黃巢帶著起義軍一路輾轉反側前往淮河中游地區，試圖在那裡建設新的革命根據地，朱全忠和李克用一路圍追堵截，起義軍損失慘重。

西元八八四年，黃巢自殺於泰山狼虎谷。轟轟烈烈的唐末農民起義徹底結束。起義結束之後，唐僖宗回到了長安。他這才發現，整個國家已經是四分五裂了。在鎮壓起義的過程中各大軍閥乘機招兵買馬擴大勢力的同時霸佔地盤，互相吞併。朱溫也在此過程中霸佔了包括徐州、鄆州在內的大塊地盤。能和他相媲美的勢力只有兩個，一個是大軍閥李茂貞，一個就是李克用了。

唐僖宗死後，他的弟弟唐昭宗李曄繼位。此刻的宦官們已經非常囂張了，皇上做什麼決定他們都要參一腿，唐昭宗受不了了，決定借朝中大臣之力消滅宦官。他叫來所有的大臣和宦官頭頭們，讓他們排成一排。

唐昭宗：「今天我們來做個遊戲，這雖然是個遊戲，但是代價很大哦，失敗的人要被處死的。」

宦官：「我看這樣站成一排，是不是要比射箭啊皇上。」

宦官們心道，比射箭的話，他們也絕對不會比那些手無縛雞之力的文官們差。

唐昭宗：「不是。」

宦官：「那是不是要賽跑呢？」

唐昭宗：「不是。」

宦官：「不會是就要大家這麼站著，比誰站得更久吧。」

唐昭宗：「你猜中了前頭，但是沒有猜中後頭。這個遊戲的確是要站在原地不動，但不是比誰站得更久，而是比誰能尿得更遠，最後幾名將被處死。」

宦官們一聽，大怒，這擺明了是針對他們來的。唐昭宗竟然當眾羞辱他們，他們遊戲也不做了，直接衝上去將唐昭宗按在地上打了一頓後，拖到了冷宮。那些文官們只知道在旁邊喊：「君子動口不動手。」卻始終沒能幫上唐昭宗的忙，眼睜睜的看著唐昭宗被人提著兩隻腳拖走。宦官們經過商議決定將唐昭宗永遠的軟禁下去，重新立一個聽話的——至少不會沒事做亂玩遊戲——的皇帝。

朱溫聽說之後，立刻派了一名親信去長安聯絡宰相崔胤。

親信：「宰相你好。」

崔胤：「啊……宰相府守衛森嚴，你是怎麼進來的？」

親信：「我跟他們說要找你，他們就讓我進來啦。」

崔胤：「……」

親信：「不要怕，我不是壞人，我是朱溫派來的給你送信的。」

崔胤：「好吧，把信給我。」

親信：「你真傻，秘密的事情怎麼可能用書信溝通呢？書信是那麼容易丟掉或者被人偷的東西，萬一遺失的話，事情豈不是敗露了，而且還會給對方留下鐵證如山。記在腦子裡面才是最保險的。」

崔胤：「我了解了，你還是趕快說他有什麼事吧。」

親信：「看來你真的很傻，秘密的事情怎麼能一下子說出來呢？至少也應該檢查一下隔牆有沒有耳朵，房間裡面有沒有安竊聽器之類的東西才行呀。」

崔胤：「……我檢查過了，你說的這些都沒有，你快點說吧。」

親信：「你傻到家了簡直。現在易容術那麼發達，我怎麼知道你是不是真的宰相，抑或是蒙了一張宰相的臉的別人？來，給我揪一下你的鼻子，看看你的臉能不能揪掉。」

那名親信說著就伸手出去要揪宰相崔胤的鼻子，崔胤一個反手將這名親信制住，從靴子裡面掏出一把匕首放在親信的脖子上，說：「你他媽的到底說不說，不說我宰了你！」

親信：「我說，我全說。朱溫說要和你一起殺了所有的宦官，將皇帝救出來。如果事情成功了的話，你仍舊可以做你的宰相，而且皇帝必將對你感激涕零，到時候你的地位就穩固了。」

崔胤：「看來信記在腦子裡面也不保險嘛……」

崔胤頓時覺得自己有了靠山，便帶著部隊去殺了守著唐昭宗的宦官，將唐昭宗解救出來重新坐上了皇位。

唐昭宗：「這幫禽獸，竟然天天只給我鹹菜和饅頭吃，連塊肉都不給我，怎麼說我也是個皇上呀。我要殺光他們。」

崔胤：「我支持你！」

沒被殺光的宦官聽到後衝進了皇宮，又抓起唐昭宗遠遁而去。

唐昭宗：「救我啊，宰相……救我啊……」

崔胤：「皇上你走先，我隨後就到……」

那些宦官扛著唐昭宗去投靠了大軍閥李茂貞，李茂貞將他們收留了下來。

崔胤對著唐昭宗喊完那句話之後，就跑去找朱溫。

崔胤：「完蛋了，皇上又被宦官們給劫走了。」

朱溫：「劫到什麼地方去了？」

崔胤：「糟糕，當時太著急了，沒有問他們去什麼地方，不過估計扛著皇上的他們也很迷惘，根本不知道能去什麼地方。」

朱溫：「你沒有派人跟蹤一下麼？」

崔胤：「也忘了。」

朱溫：「真是一個豬頭。」

崔胤最痛恨的事情，就是別人說他豬頭。可現在他在朱溫家中，沒有敢發作，不過心中已經徹底的恨上了朱溫。這時，朱溫的密探飛進來彙報最新消息。

密探：最新消息，南方的一個小山村的一頭牛生下了有兩個頭的小牛，當地居民深以為奇，據說這是我國首次出現這樣的情況；近日來，北方契丹地界刮起了沙塵暴，很多草場都被掩埋，當地民眾損失慘重；一年一度的民間選美近日落幕，一名名叫柳依依的女子奪魁……

崔胤：「……這是你的密探？彙報的這都是些什麼事啊。」

朱溫：「他同時兼任我私人的新聞播報員，一般最重要的事情他都放在最後說。」

密探：「日前大唐皇帝唐昭宗被一群宦官劫持，他們扛著唐昭宗直接去投靠了鳳翔節度使李茂貞。李茂貞熱情的接待了他們，雙方進行了親切友好的會談。」

朱溫：「聽到了吧，皇上在鳳翔呢。走吧，我們帶著兵馬去要回皇帝。」

密探：「謝謝收聽。」

朱溫和崔胤帶著兵馬衝到鳳翔城下。李茂貞站在城牆上指揮部隊抵抗。

朱溫：「快將皇上交出來。」

李茂貞：「皇上又不是你家的，憑什麼不能在我這裡住兩天。」

城裡傳出唐昭宗的聲音：「我不想在這兒住，全忠，救我啊……」

朱溫：「聽到了沒，皇上說了，不想在這裡住。」

李茂貞：「剛到一個地方總會有所不習慣，他慢慢就會習慣了。」

朱溫見和議不成，便下令部隊包圍了鳳翔城，斷絕了城內的一切來源。

謀士：「節度使，怎麼辦？」

李茂貞：「不知道啊。」

謀士：「啊，你剛剛喊得那麼中氣十足，我以為你已經有準備了呢。」

李茂貞：「喊喊而已嘛，何必那麼當真呢？」

城內的糧食吃了幾天就沒有了，不巧的是，這個時候又氣溫陡降並下起了大雪。商人們想去鳳翔城裡賣羽絨服，可是朱溫不讓他們進去。城內的人饑寒交迫，死了不少。最後連李茂貞都撐不住了，只好帶著一小撮隊伍突圍而去。

朱溫帶著唐昭宗和崔胤一路敲鑼打鼓的返回長安。唐昭宗又一次重新坐上了皇位。這次宦官們沒有一個剩下的，全都被朱溫和唐昭宗殺了。朱溫完全掌握了朝政大權。掌握朝政大權的朱溫開始飛揚跋扈，誰都不放在眼裡，他還經常罵崔胤豬頭。崔胤終於受不了了，決定自己招兵買馬做掉朱溫。

崔胤：「朱溫總是罵我豬頭，我要培育自己的力量，總有一天我要把他打成豬頭。」

謀士：「好啊。」

崔胤：「你……該不會是朱溫派來的吧，我看你的眼神怎麼有點……」

謀士：「有點迷離是吧，那是因爲最近我總是在思考人爲什麼活著的問題。」

崔胤：「當然是爲了權力、銀子還有女人了。不過有了權力，後兩者很快就有了。」

這名崔胤身邊的謀士果然就是朱溫派來的，當天半夜他就派人去送信給朱溫，告訴了朱溫崔胤的想法。第二天朱溫一見崔胤就說：「我看你最近好像很忙的樣子，是不是在培育自己的力量？」

崔胤：「我是在培育力量，不過不是自己的力量，而是替你培育的，用來對付李茂貞和李克用。」

朱溫：「好，沒想到你這個豬頭有的時候還挺聰明的。」

崔胤心道：「這是你第三百八十四次叫我豬頭，總有一天我要你知道豬頭也有發威的時候。」

朱溫派了更多的密探去崔胤身邊刺探軍情，這些密探全都加入了崔胤的隊伍，有的還受到了崔胤的重用。崔胤一天說了什麼話，做了什麼事，見了什麼人，甚至吃了什麼飯，朱溫全都知道得一清二楚。朱溫決定將崔胤直接扼殺在搖籃之中，免得夜長夢多。一個夜晚，他獨自去找了唐昭宗。

朱溫：「宰相崔胤招兵買馬扶植親信，看來是想要造反了。」

唐昭宗：「招兵買馬扶植親信不一定就是用來造反的，也可能是他閑來無事找點事做而已。」

朱溫：「我有崔胤要造反的證人。」

唐昭宗：「在哪裡？」

朱溫：「就是我啊，耶！意不意外？」

唐昭宗：「自己給自己當證人，這好像不是有理性的人能做出來的事情。」

朱溫：「我從一群太監那裡把你救回來，又把你放上了龍椅，難道我還會晃點你不成。」

朱溫說著朝唐昭宗走近了幾步，並握緊掛在腰間的大刀，眼睛緊盯著唐昭宗嚇唬他。

唐昭宗：「……那你說應該怎麼辦呢？」

朱溫：「殺了崔胤和他的幫兇們。」

唐昭宗默許了，第二天崔胤和他的手下們就被押上了刑場，在完全的迷惘之中，崔胤命赴黃泉。

這個時候逃亡在外的李茂貞又回來了，他糾集了很多人，準備進攻長安，報仇雪恨。朱溫怕混亂之中節外生枝，提出要將都城從長安遷往洛陽。唐昭宗雖然不願意，卻也無可奈何，只好帶著一家很多口上路了。朱溫怕唐昭宗將來萌生返回長安的念頭，便將長安所有的百姓趕出了城，然後將長安所有能住人的地方燒的燒，毀的毀，原本風華正茂的長安城變成了一座妖怪和女鬼聚集的廢墟。

唐昭宗一路走得非常辛苦，心中有千萬個不願意，可還是不得不往前走。走到半路，他聽說洛陽的皇宮還沒有修好，便對朱溫說：「這裡山明水秀，不如在此玩幾天吧，反正皇宮也沒有修好。」

朱溫：「放心吧，用不了幾天就修好了。」

朱溫派人去洛陽那邊傳達他的命令：「皇宮不必太過講究，隨便搭個草棚子就成了。」

唐昭宗乘歇息的時間派人去給李克用送信，讓李克用帶兵前來討伐朱溫。不想他派去的人又是朱溫的親信。朱溫命他立刻起程。

唐昭宗：「皇宮不是還沒修好麼？」

朱溫：「已經修好了。」

唐昭宗：「裡面的家具都擺好了吧。」

朱溫：「擺好了。」

唐昭宗：「沒有忘記修室內洗手間吧。」

朱溫：「你不要企圖拖延時間了，李克用不會來搭救你的。」

就在唐昭宗無奈的準備上馬的時候，忽然傳來消息說何皇后要生孩子了。

唐昭宗大喜道：「等她生完了孩子，我們再走也不遲吧。」

朱溫：「邊走邊生！」

到了洛陽之後，朱溫將唐昭宗身邊的大臣全都除掉，將所有重要的位置都安排了自己的親信，唐昭宗成了一個徹頭徹尾的傀儡皇帝。朱溫還覺得不滿意。在一個伸手不見五指的黑夜，

他派了自己的親信去將唐昭宗殺害在了床上。三天之後，他立了十三歲的李柷做皇帝，是爲唐哀帝。西元九〇七年三月，朱溫逼唐哀帝將皇位禪讓給了他。朱溫正式當上了皇帝，並改國號爲梁，立大梁爲國都。他還給自己起了一個名字，朱晃。大唐到此終於滅亡。

韓冬・Say

・我們不提倡倒戈相向，不過如果敵我雙方並無哪方好人哪方壞人之分，而倒戈有對你自己的發展有很大利處的話，倒戈一下也是可以原諒的。朱溫從一名堅定的起義軍分子轉而變成堅定的鎮壓起義軍分子，可算得上是一次頗為明智的倒戈。

・與人聯合行事的時候，定要多多注意聯盟者的動作和你的後方，不要只是一味的顧著搶佔市場，搶佔地盤，到頭來你可能會發現，所有的一切都已經被你的聯盟者霸佔了。唐僖宗就吃了這樣的虧。

・人活著是為了什麼呢？這種會讓精神分裂的問題就不要亂想了，好好活著才是王道。

Q版資治通鑑
五代

三根箭

晉王李克用病逝於西元九〇八年，他死之前，將他的兒子李存勖和弟弟李克甯叫到了病床跟前安排後事。

李克用：「克甯，我兒子李存勖能征善戰而且很有內涵，可以繼承我的事業，你就好好輔佐他，不要有什麼二心了吧。」

李克甯：「收到！」

李克用又從懷中拿出三根箭來交到李存勖手上，說：「兒子，現在你應該知道爲什麼我的胸口經常流血了吧？就因爲我總在懷裡揣著這三根箭，經常不小心紮到胸口。」

李存勖：「啊，能讓你強忍著被紮的痛苦而一直揣在胸口的箭，一定不是平常之箭吧，莫非是后羿射日的時候用過的？」

李克用：「其實，它們只是三支普通的箭而已，不過有了象徵意義就不一樣了。現在我把這三支箭連同象徵意義一塊交給你，你要好好保管。」

李存勖：「好，不過我有一個問題。」

李克用：「你問吧，還有，後面說話請一口氣說完，不要用疑問句，因爲我的氣不多了。」

李存勖：「我的問題就是，拿到這三支箭後，我是不是要和你一樣把它們揣在胸口？如果是的話你還是不要交給我了，我一定把它們和你葬在一起，如果不用我揣在胸口的話，我就要了。雖然我更希望你能給我房地產、存摺、月光寶盒之類的東西，但是看來你只打算給我這三根箭了，總比什麼都沒有的強。」

李克用：「你不用揣在胸口，不過要隨時都帶在身邊。下面我給你介紹這三支箭的象徵意義，第一支代表佔據著幽州的劉仁恭，他一直都看我不爽，時不時的還來挑逗我，你一定要幫我殺了他；第二支代表契丹，本來我和契丹的關係不錯，而且和契丹王阿保機結成了兄弟，卻不想他竟然勾結後梁一起暗算我，你也要替我殺了他；第三支代表後梁，朱溫的罪行我就不用說了，前面一章裡面都有，你也要替我殺了他。」

李存勖：「啊，三個願望竟然都是殺人，這樣會不會太血腥了點，我還小……」

李克用：「如果你搞不定的話，我就死不瞑目了，死不瞑目的人變成鬼之後，都喜歡飄來飄去，到時候我專門在你跟前飄。」

李存勖：「……放心吧，我一定替你完成你的宏願。」

雖然李存勖這些年來跟著李克用南征北戰也立下了不少的戰功，可是很多將領們還是覺得他太嫩了，不適合當領導。李克甯在軍中威望很高，是大家心目中理想的李克用的繼承者。

李存勖走在街上，迎面走來兩個將領。

將領甲：「你看李存勖，嘴上一點鬍子都沒有，這樣的小孩怎麼可以當晉王呢？」

將領乙：「就是，真搞不清楚晉王，怎麼忍心把我們交到這麼小的一個孩子手裡。」

李存勖躲在房間裡，房頂上降落兩名刺客。

刺客甲：「即將繼位的晉王應該在這個房間裡面吧？我們直接飛下去砍他還是先吹迷魂香進去？」

刺客乙：「等我揭開一片瓦看看先，殺錯人就不好了。」

片刻之後。

刺客乙：「這個不是李克甯，走，到隔壁看看。」

李存勖蹲在洗手間裡，外面來了兩個士兵。

士兵甲：「聽說晉王臨死前說要把位子傳給他兒子李存勖。」

士兵乙：「我愛李克甯，我愛李克甯。」

李存勖從洗手間裡出來後便直接去找了李克甯。

李存勖：「晉王還是由你來當吧，我實在受不了輿論的壓力了。」

李克甯：「先王在臨死之前指定了由你來繼位的，而且你還有他的三支箭做信物。」

李存勖：「我可以把箭連同箭的象徵意義都交給你。」

李克甯：「……還是不行，我怕先王來找我。」

李存勖無奈的接受了晉王的稱號，這年他只有二十三歲。

朱溫當了皇帝之後，對誰都不放心，派了很多親信去監視諸王。趙王實在受不了了，決定起兵反梁。他派人來聯絡李存勖，李存勖決定和他聯合，以便早日實現他父親的宏願。

朱溫得到消息之後，派了大隊兵馬前來襲擊趙王，李存勖親率部隊前去救援趙王。大軍跑到梁軍營帳面前挑戰，梁軍卻始終不肯出來應戰。李存勖又親自率領辱罵小分隊在梁軍營帳外破口大罵，梁軍卻只是壁壘不出。就在李存勖他們已經心灰意冷的時候，梁軍忽然兵分三路前來進攻晉軍。他們穿著五彩斑斕的衣服，還在脖子上袖子上掛滿了彩帶和銀光閃閃的鐵片，晉軍看得目瞪口呆，以爲是托塔李天王帶著天兵天將路過。

將軍周德威大喊一聲：「別楞著了，這不是路過的天兵天將。」

眾人這才反應過來準備抵抗，可時機已失，剛一交戰就落了下分。好在周德威有夠勇猛的，他帶著部隊冒死廝殺，終於擊退了梁軍。晉軍雖然有所損失，可損失並不是很大。戰役結束之後，周德威去找李存勖商議接下來的戰略。

周德威：「現在敵軍的鬥志非常驃悍，我們應該暫且按兵不動，等敵人的火氣有所下降之後，再突然襲擊。」

李存勖：「他們只是衣服穿得花俏一點而已，有什麼好怕的。再說了，我們大老遠的跑到這裡來，怎麼可以就地歇息呢？要歇息的話，我寧願在家裡歇了。」

周德威：「我們的騎兵適合在廣袤的田野上作戰，而不適合巷戰，因爲不是撞到頭就是撞到馬的臀部。現在我們這麼逼近敵人的營帳，長處根本發揮不出來啊……」

李存勖聽周德威長他人志氣，滅自己威風，便轉過頭去面對著牆壁不再說話。

周德威又去找了大臣張承業，對張承業說：「我們的兵馬沒有敵人的多，如果現在敵人率領著主力衝過來的話，我們就死定了。如果我們假裝後退，引誘敵人來追我們，然後派一隊騎兵去截斷敵人的補給線的話，敵人就必敗無疑了。」

張承業：「我只是個負責後勤的，你對我說這些做什麼？」

周德威：「大王現在聽不進去我的話，我是想讓你去勸勸他。」

張承業早年時期就曾是李克用手下的大臣，他擅長理財和搞後勤工作，爲李家立下過不少功勞，威望很高。李存勖果然聽了張承業的話，按照周德威所說的方法來打仗，果然梁軍被打得大敗。

李存勖知人善用，打仗又一馬當先，經過十幾年的努力，他的軍隊日益搶大起來，先後攻破了幽州，活捉了劉仁恭。又發動了好多次對後梁的攻擊，大大的削弱了後梁的實力。

在大臣們的建議下，西元九二三年，李存勖稱帝，國號定爲大唐。後唐誕生了，李存勖便是後唐莊宗。不久之後，李存勖趁後梁的大後方空虛，親自率領人馬深入後梁境內，直奔後梁首都大梁。一路打著勝仗向大梁推進。當時後梁的皇帝是朱溫的兒子朱友貞，聽說後唐軍隊即將打過來的消息之後，心急如焚，立刻召集所有的大臣前來商議。大梁城中兵馬不多，大臣們也不知道該如何是好。

宰相鄭玨站出來說：「不如讓我帶著你的傳家寶去假裝投降，然後你乘機挖地道逃跑吧。」

朱友貞：「我們家和李存勖家是世仇，我不能投降他……還有什麼好點的辦法沒？」

大臣們便都不再說話了。

朱友貞幽幽的說：「看來這次我是死定了，死在自己人手上總比死在敵人手上要好，你們誰殺了我吧。」

大臣們聽朱友貞這麼說，紛紛奪門而去。一方面是不忍心對自己的皇上下手，另一方面皇上已經放棄抵抗了，也該爲自己的將來做做準備了。只有一個名叫皇甫麟的大臣沒有跑。

朱友貞：「皇將軍，看來只有你對我最忠心了。」

皇甫麟：「我也想跑來著，可是我的腿前兩天就受傷了，今天我是被人擡到這裡來的。」

朱友貞：「……不管怎麼樣，你能留在這裡結束我的性命，還是讓我很欣慰的。」

朱友貞走上去遞給皇甫麟一把刀：「殺了我吧。」

皇甫麟不忍心殺朱友貞，可是聖旨又不能違背，難以抉擇之下他決定自殺。朱友貞攔住他：「你怎麼比我還急，我不管，你要死也要先做掉我再死。」

皇甫麟無奈的殺了朱友貞，接著自殺。第二天李存勖便攻進了大梁。後梁政權覆滅。

滅了後梁之後，李存勖開始揚揚自得。心想中原已經安定了，自己享受的日子也到來了。他喜歡上了演戲，整天和戲子們私混在一起，置朝政大事於不顧，那些戲子們有了他撐腰，開

始遊手好閒，仗勢欺人。比較有野心的那部分還開始參與朝政。後來的李存勖開始聽信讒言而誅殺有功之臣，弄的朝中大臣惶惶不可終日。

西元九二六年，皇甫暉發動叛亂，李存勖派大將李嗣源前去平定叛亂。之前李存勖曾聽信讒言而愈要殺李嗣源，幸虧有人苦苦哀求，李嗣源才僥倖保住了性命。李嗣源對李存勖早已不滿，便直接帶著平叛大軍去和叛軍聯合起來反叛李存勖了。李存勖聽說之後，親自帶著部隊前去平定叛亂。走到半路上，又有人帶著兵馬離開他去歸順叛軍了。大軍走到萬勝鎮的時候，李嗣源已經攻佔了汴京。各地人馬紛紛前去投靠他。

李存勖：「看來大家真的很恨我。」

馬：「你以爲呢，我也早就看不慣你了。」

李存勖：「好在你還算忠誠，沒有離我而去。」

馬：「前兩天一直在猶豫，不過現在我已經做了決定了。」

馬說完就擡起前蹄將李存勖從背上扔了下去，自己則跑去投奔李嗣源。

李存勖見自己已是眾叛親離，決定立刻班師回朝死守都城。出發的時候一點人馬，又跑了一萬多人。李存勖一路上不斷的安慰將士們。

李存勖：「剛剛收到消息，又有人進貢了很多銀子，一回都城我就全都分給你們。」

將士：「現在才想起對我們好，太晚了。到了都城我們決定用搶的。」

李存勖一路上不停的給將士們贈錢贈物，以免他們叛逃。身上帶的銀子發光了，他就贈送帽子上的珠寶，掛在腰間的玉佩、珠寶和玉佩送完了，開始送身上的衣服，最後送到他就剩下一身內衣了。

李存勖：「離都城還有多遠了？」

太監：「還有幾百里路呢。」

李存勖：「完蛋了，沒得送了。」

到達洛陽之後，李存勖立刻整編軍隊，準備繼續抵抗李嗣源。整編好的軍隊還來得及出發，都城裡面就有人又兵變了。正在吃飯的李存勖，慌忙扔了飯碗準備率軍去抵抗，可爲時已晚了，亂兵已經衝進了皇宮，在皇宮中追著嬪妃們到處亂跑了。李存勖見狀，慌忙逃遁，在逃跑的路上被並沒有想要射他的一支箭射中了。不久之後便發炎發死了。

之後，李嗣源做了後唐皇帝，是爲後唐明宗。

五代・

韓冬・Say

．不管應對什麼身分的人，都應該從他的弱點下手。騎兵不適合巷戰這是人所共知的事情，李存勖卻只想著酣暢淋漓的打仗，險些沒有採用周德威的建議，實在是危險非常。

．以身作則是非常重要的。如果想要手下尊敬你，你可以不怒自威，平日裡就應該潔身自好。等到人心渙散的時候，能使鬼推磨的錢也將不會管用了。

．每個人胸口都應該有三隻箭——不是插在胸口，是裝在心間，你的夢想之箭。

做鬼臉，扭屁股

石敬瑭是沙陀族人，年輕的時候投靠了李嗣源，無論騎馬、射箭、還是掰手腕他都非常厲害，李嗣源因此而重用了他，並將自己的閨女也嫁給了石敬瑭。石敬瑭因此對李嗣源忠心耿耿，以報答李嗣源的大恩大德。

李存勖猜忌李嗣源的時候，石敬瑭就建議李嗣源造反，在造反的過程中，石敬瑭更是一馬當先，立下不少功勞。李嗣源當了皇帝之後，石敬瑭因為功勞甚大而被任命為掌管邊防軍政大權的節度使。李嗣源死後，他的兒子李從厚繼位，是為後唐閔帝。石敬瑭更加得到重用，被加封為宰相，同時他還鎮守著太原。

之後李嗣源的養子李從珂造反，殺了閔帝，自己當了皇帝。李從珂和石敬瑭一直都有仇，原因是當年李嗣源曾在全國範圍內舉辦過一次大力士比賽。李從珂和石敬瑭兩人脫穎而出，進入了冠亞軍的角逐。兩人都是舉兩百公斤重的石頭，石敬瑭一舉成功。輪到李從珂舉的時候，石敬瑭站在李從珂前面的不遠處做鬼臉，扭屁股逗李從珂笑，結果李從珂沒有能成功的舉起石頭，冠軍被石敬瑭奪走了。從此之後，李從珂就恨上了石敬瑭。

石敬瑭也知道李從珂很恨他，得知李從珂當了皇帝之後，他的小心肝被嚇得撲通撲通亂跳。李從珂繼位當天，石敬瑭和眾大臣列隊站在下面，總覺得李從珂用充滿仇恨的目光看著他。

石敬瑭走上前去說：「皇上，是我不對，我不該做鬼臉，不該扭屁股。」

李從珂：「你在說什麼啊宰相。」

石敬瑭：「要不然現在你在我前面做鬼臉，扭屁股一下，報仇雪恨吧。」

李從珂：「……太醫，給宰相量一下體溫。」

石敬瑭：「或者我把那次得的獎盃和獎金都還給你好不好？」

大臣們面面相噓，不知道石敬瑭在說什麼。李從珂雖然心裡明白，卻也不說出來，只下令讓人送石敬瑭回家休息。

石敬瑭一直想回到太原去，因爲和李從珂面對面的感覺實在太難受了。可是他又怕李從珂懷疑他圖謀造反，於是不敢提出這個想法。待在都城無事可做，他便每天去找太后聊天，聊完天又拉著太后打麻將，打完麻將又接著找太后聊天……最後太后累得實在受不了了，命人叫來了李從珂。

李從珂：「太后，新的呼啦圈已經給您做好了，晚上我就派人給你送來。」

太后：「先不說呼啦圈，我們討論一下石敬瑭的事吧。」

李從珂：「石敬瑭？我發現他的神經似乎有點問題了。」

太后：「我也有這個感覺。趕快把他打發回太原吧，我實在受不了了。」

李從珂聽了太后的話，石敬瑭這才得以安全回到太原。

回到太原之後，他派人扛著銀子回到都城，買通了太后和皇上身邊的親信。讓他們隨時飛鴿傳書宮中發生的事情。從此之後宮中發生的事情他得以瞭如指掌。他爲了不讓人懷疑自己有野心，還裝起了病。

一次，他正在大吃五更腸旺，忽然有人來訪。他便立刻爬到裝著腸旺的盆上假裝嘔吐中。

客人：「哇，宰相，你在做什麼呀？我還是第一次見人這樣吃飯的。」

石敬瑭：「我不是在吃飯，我是在吐呢。」

客人：「這盆裡的都是你吐的？」

石敬瑭：「沒辦法，身體不行了。」

客人：「我看看，腸子、肝、肺……啊，還有金針菇……？」

石敬瑭：「……前面的那些都是我的，金針菇是上頓吃的。」

李從珂聽說石敬瑭病得連內臟都吐出來了，便稍微放鬆了對他的警惕。石敬瑭乘機將分散在各地的他的財產全都集中到了太原，李從珂剛剛放鬆的警惕又給提了起來。

李從珂：「你爲什麼要把各地的財產都集中到太原呢？是不是想造反？」

石敬瑭：「我給太原的部隊換了新軍裝，軍費不夠用了，我打算把自家的財產充軍。」

李從珂：「那你也用不著把你的二三四五奶也接到太原去把，她們又不能充軍。」

石敬瑭：「她們也都還算有幾分姿色，到時候軍費實在不夠用了，也能賣點錢充軍。」

李從珂：「宰相果然忠心可鑒。」

石敬瑭搞不清楚到底李從珂對自己的信任有幾分。說他不信任自己吧，竟然誇他忠心可鑒，說他非常信任吧，可是說「忠心可鑒」的時候，他的臉上又分明掛著意味深長的笑容。這件事情折磨得石敬瑭寢食難安。他決定用以退爲進的方法試探一下李從珂，於是他上書給李從珂說：「我體弱多病，實在不適合再擔任這麼重要的職務了，請你解除我的兵權，讓我在家養老吧。」

李從珂跟眾大臣商議此事，大臣們意見不一。有的說應該乘此機會解除石敬瑭的兵權，又有的說石敬瑭只是謙虛一下而已，並不是真的要皇上解除他的兵權，如果真的解除的話，石敬瑭肯定會起兵造反的，搞得李從珂也拿不定注意。

大臣薛文遇在一個旁若無人的下午前來找李從珂。

薛文遇：「在路邊蓋房子，怕熱的路人說應該改成涼棚，怕憋的路人說應該蓋成洗手間，怕睏的路人說應該蓋成旅館……這樣房子永遠也蓋不起來。現在朝中的情況也一樣，大臣們都自說自話，沒有一個是在爲皇上你考慮的。你根本不用聽他們瞎掰，石敬瑭造反是遲早的事情，不如現在乘此機會下了他的兵權。」

李從珂：「有道理。」

第二天，李從珂就下令將石敬瑭調到一個非常偏遠的不用節度的地方當節度使。石敬瑭：

「來真的啊，我只是說說而已。」

劉知遠：「起兵造反吧，不要猶豫了。」

石敬瑭：「我覺得這些年我表現得很乖巧啊，這樣李從珂都懷疑我，看來他仍舊對當年我奪取大力士冠軍耿耿於懷。」

桑維翰：「別想那麼多了，先下手爲強，造反吧……」

石敬瑭：「好，他不仁我不義！」

劉知遠和桑維漢大喊著「造反咯，造反咯……」跑了出去。

石敬瑭：「……這麼開心?!」

石敬瑭向天下發佈了公告，說李從珂不是先帝親生的兒子，沒有資格做皇帝，號召大家起來反對他。那個時候沒有電視和網路之類的東西，向天下發佈公告是一件非常辛苦的事情，具體的實施辦法是：派幾個手腳麻利的，騎術很高的人扛著布告奔赴全國各地，見牆就貼。

石敬瑭知道單憑自己的這點兵力是沒有辦法消滅後唐的。他想到了強悍的契丹人。他寫了一封信給契丹老大，信中說他願意向契丹俯首稱臣，並像尊敬自己的老爸那樣尊敬契丹皇帝，不但如此，如果契丹派兵幫他滅了後唐的話，他還割讓雁門關以北的土地給契丹。

劉知遠：「哇，我從來沒有見過這麼賤的信。」

石敬瑭：「捨不得孩子套不著狼。」

劉知遠：「稱一下臣還可以接受，把他當作老爸一樣尊敬就太誇張了吧……還有，送點禮就成了，不用割讓土地這麼嚴重吧……這樣會被人罵的。」

石敬瑭沒有聽劉知遠的，派人將這封信秘密送去了契丹。

契丹老大耶律德光接到石敬瑭送來的信後非常開心。立刻答應了石敬瑭的請求。幾個月後，他親自率領著五萬騎兵南下。到達太原後在汾河北岸駐紮下來。

耶律德光：「我們的將士都已經準備好了，能不能今天就和後唐軍隊打仗？」

石敬瑭：「後唐軍隊強大，不可輕敵。等我們今晚好好商量一下，再好好睡一覺，明天早晨好好吃頓飽飯之後再和他們交戰吧。」

耶律德光沒有聽石敬瑭的，直接派了三千個士兵光著身子前去進攻後唐大營。這些士兵都是契丹軍中最瘦弱的，個個都是瘦骨嶙峋，一副營養不良的樣子。後唐軍見契丹軍長得又弱，人又少，便爭先恐後的衝出去打，那三千個瘦子扭頭就跑，後唐軍一路追到了汾河對岸。藏在兩側的契丹伏軍這才衝將出來。

後唐軍：「啊，好強壯啊……前面那波人原來是誘餌。」

他們明白得已經太晚了，契丹軍將後唐軍隊隔成一小塊一小塊的圍而殲之。跑回大營的後唐軍也被契丹軍追上去一個不剩地殲滅。

西元九三六年冬天，耶律德光封石敬瑭為大晉皇帝，並親自給他戴上皇冠。按照事先的約定，石敬瑭繼位的當天便將燕雲十六州割讓給了契丹，每年還要給契丹送去綢緞三十萬匹。

韓冬・Say

・有些不能直接解決的事情用軟磨硬泡也不失為一個辦法。像石敬瑭那樣堅持不懈的天天去找太后聊天、下棋、做遊戲，我就不信老闆不發給你拖欠的工資，不把你應得的福利分給你。

・上頭的決定不明朗而你又急於知道的時候，可以採用投石問路的方法。就像石敬瑭那樣，可投石問路也要建立在小心翼翼的基礎之上，婉轉一點的將「石頭」投出去，才可能順利的問到路。

・石敬瑭為了能夠得到契丹的支持，不但送錢送地還稱對方為老爸。暫時失去一點尊嚴是為了能得到更大的尊嚴。

・比賽的時候做鬼臉，扭屁股，撓人咯吱窩是會讓人記恨一輩子的。

強力膠

契丹是我國北方的一個少數民族，起初契丹族有很多部落，部落之間經常進行戰爭。唐朝中期，形成了由八個部落組成的聯盟，耶律阿保機任聯盟的首領。阿保機驍勇善戰，在他的領導之下，契丹吞併了室韋、女真等部落，並且不斷的南下打劫中原邊境，實力愈來愈強。

朱溫稱帝那年，耶律阿保機率領著三十萬兵馬前來進攻雲州。契丹將士一路殺氣騰騰，準備大幹一場。到雲州之後，耶律阿保機被駐守雲州的大將李克用請進了營帳。後梁軍和契丹軍則怒目而視著對方，同時用豎中指，揮刀砍樹，胸口碎大石等方式向對方示威，雙方都爲即將到來的大戰積蓄這力量。不想一個時辰之後，他們看到李克用和耶律阿保機竟然有說有笑的牽著手走出了營帳。

後梁將軍：「將軍，怎麼了？發生什麼事情了？」

契丹將軍：「據說中原有一種強力膠，十分的了得。見人粘人，見佛粘佛。莫非首領中了這種膠，被人粘住了手？」

李克用：「我和契丹聯盟首領已經結拜爲兄弟了，自此之後，我的將士們和契丹的兄弟們永遠修好，不再倒戈相向。」

耶律阿保機：「弟兄們，來向我新認識的兄弟致以我們契丹最高的禮節吧。」

耶律阿保機在雲州住了很多天，每天李克用都陪著他打獵，野炊，泡妞，阿保機玩得十分開心。在他離開的時候，李克用贈送給了他好幾萬兩黃金和很多綢緞。阿保機送給李克用三千匹馬和很多牲畜。豈料阿保機回去後又和朱溫結成了聯盟，一起聲討李克用。就在李克用氣憤不已的時候，手下前來彙報道：「契丹人送給我們的牲畜飯量都特別大，軍中的糧草都快被牠們吃光了，可牠們就是不見長肉。」

李克用：「那三千匹戰馬沒有問題吧？」

手下：「戰馬也有問題，我們的將士根本沒辦法指揮，讓牠剎車，牠往前跑；讓牠加速，牠卻剎車。這兩天很多將士都摔傷了。」

李克用立刻找來軍中的獸醫檢查那些牲畜和戰馬。

李克用：「怎麼樣？」

獸醫：「經過檢查，這些牲畜都是甲亢症患者，所以飯量很大卻不知道長肉。」

李克用：「那戰馬呢？爲什麼我們沒辦法指揮。」

獸醫：「初步估計是因爲語言不通，這個已經超出我的研究範圍了。」

李克用頓時有一種被人玩弄了，而且是玩弄了兩次的感覺。一氣之下就生了病。臨死之前，他的遺願之一就是消滅契丹。

西元九一六年，阿保機建立了契丹國，自稱皇帝，契丹人則稱他爲天皇王。他老婆述律氏，是他的賢內助。述律氏經常勸阿保機多多任用漢人中有才能的人，這樣實力才有更大的提升空間。佔據著幽州的劉守光在幽州被李存勖的大軍圍困的時候，曾派了一個名叫韓延徽的使者到契丹求救。耶律阿保機因爲韓延徽見了他不下跪而打發韓延徽去放馬。

述律氏：「韓延徽是個很有才華的文化人，你怎麼可以讓他去放馬呢？他去放馬馬會被放瘦的嘛！」

阿保機聽了老婆的話，召回了韓延徽。

阿保機：「聽說你是個文化人？」

韓延徽：「念過些書，擅長吟詩做賦，能做思想工作，對建築也有一定的研究。」

阿保機：「那你現場給我做首詩。」

韓延徽：「啊，寶雞，你真美啊真是美；啊，律師，你是多麼的善良而又公正。寶雞啊，律師啊，你們的光輝永遠照耀著我們……」

述律氏：「你看，我沒有胡說吧。他竟然能夠用我們的名字作詩，水平真是高得不一般。」

阿保機聽完那首詩之後，也覺得韓延徽不是個普通人，便委以他重任。韓延徽當起了包工頭，帶著一群契丹人修建起了一座適合漢人居住的城市。以前漢人之所以不願意前來投奔契丹，一方面是因爲語言不通，更重要的還是住不慣經常會有老鼠和蛇爬來爬去的帳篷。現在有了韓延徽建造的城市之後，很多漢人前來投奔契丹。

西元九二六年，阿保機去世了。原先聯合在一起的八個聯盟的首領們，蠢蠢欲動的想搶盟主的位子，他們有的說要比武定輸贏，誰活到最後誰就當盟主；有的說身爲契丹人，不應該學漢人的那一套，要比也應該比鬍子長，誰的鬍子長誰就當盟主；還有人說應該和馬賽跑，誰能跑過契丹最快的馬，誰就當盟主。他們爭得面紅耳赤，完全無視耶律阿保機老婆及其後代的存在。述律氏見狀，將所有的首領召集到了一起。

述律氏：「你們想念剛剛死去的天皇王不？」

眾首領爲表忠誠，爭先恐後的答道：「想～～」

述律氏：「有沒有不想的？我喊三聲，如果誰不想的話就站出來。三……二……一……看來你們都很想他，那我現在就送你們去見他。」

述律氏說完之後打了一個口哨，立刻從左右四周衝出很多手拿鋼刀的壯漢。

一個首領大叫道：「現在說不想行不行？」
述律氏：「已經晚了……」
八個首領於是死在了壯漢們的刀下。

阿保機有兩個兒子，大兒子名叫耶律倍，鎮守在東丹國，二兒子名叫耶律德光，鎮守西樓。述律氏喜歡耶律德光多一點，因爲耶律德光長得比耶律倍要可愛很多。述律氏將大兒子和所有的大臣都召集到西樓，並讓兩個兒子騎著馬站在眾大臣面前。
述律氏：「這兩個都是我的兒子，我也很喜歡，可是不知道讓誰繼位當皇帝好。」
大臣：「這很好辦，讓他們兩個打一架，誰打勝了，誰就繼位。」
述律氏：「打架太野蠻了，傷到誰我都會心疼。」
大臣：「那來個文明一點的辦法，讓他們背圓周率，誰背的位數多，誰就繼位。」
述律氏：「背這種沒用的東西有什麼意義？」
大臣：「讓他們同時去追一個女子，誰能追到手誰就當皇帝。」
述律氏：「我們現在是在選皇帝，不是在選情聖……今天我之所以讓你們來，並不是要讓他們當著我們的面做什麼比試，而是要你們投票選擇。你們覺得誰合適繼位，就去站在誰旁邊。」

大臣們見述律氏看耶律德光的目光中滿是慈祥和疼愛，而且她選的投票地點又是在耶律德光的地盤，心下便都明白了太后是要他們投耶律德光的票，所有的人便都站到了耶律德光那邊。耶律德光於是繼承了皇位，當上了契丹的皇帝。

耶律德光幫石敬瑭滅了後唐後，石敬瑭割讓了燕雲十六州的土地給契丹，並答應每年進貢綢緞三十萬匹。契丹的地盤又一次得到了擴充。後晉政權建立之後，石敬瑭一直對耶律德光非常尊敬，幾乎到了有求必應的境界。雖然中原人民都罵他軟骨頭，賣國賊，他卻毫不在乎。這種狀況一直持續到西元九四二年石敬瑭病死。他死後他的兒子石重貴繼位。因爲石敬瑭稱契丹皇帝爲父親，石重貴理所當然的應該稱契丹皇帝耶律德光爲爺爺了。他也正打算用這個稱呼向耶律德光彙報石敬瑭的死訊。一個名叫景延廣的大臣站出來反對。

景延廣：「皇上，難道你還想要繼續這樣屈辱下去麼？」

石重貴：「偶爾也會覺得比較難過，不過過去了也就好了。」

景延廣：「你不爲自己考慮，也要爲後代考慮一下吧。上一代稱契丹的皇帝爲父親，你這一代稱契丹的皇帝爲爺爺，再過五代呢？應該稱他們什麼。」

石重貴：「……好像沒有這個稱呼吧。」

景延廣：「就是啊，你想想，那個時候你的後代該是多麼的痛苦。我們應該有骨氣一點。

你也是皇帝，耶律德光也是皇帝，為什麼你要怕他呢？」

石重貴大受鼓舞，寫了一封措辭非常強硬的信給耶律德光，耶律德光一氣之下帶著兵馬去進攻後晉。

後晉絲毫沒有還手之力，被打了一頓之後只好派人講和。而契丹這邊的情況也不太好，他們的戰馬因為受到了不良思想的印象，紛紛拒絕懷孕生子，戰馬呈現出老齡化的趨勢。太后述律氏覺得在這種狀況之下，講和是比較不錯的一個選擇。

述律氏：「你願意讓漢人做契丹人的君王麼？」

耶律德光：「不願意。」

述律氏：「那你又為什麼要去做漢人的君王呢？我們始終還是遊牧民族，讓你天天去吃麵條，晚上住在四面都不透風的棺材一樣的房子裡面，結婚還得跟姑娘求婚，你受得了麼？」

耶律德光：「受不了！」

述律氏：「所以說你不可能居住在中原，不可能統治著漢人。現在的狀況對於我們契丹來說已經很不錯了，知足常樂吧。」

耶律德光便也同意了講和。他找來後晉派來的使臣跟他陳述契丹的要求。

耶律德光：「你回去告訴你們皇上，讓他派那個景延廣親自到契丹來。並且把我們的土地還給我們，這樣才有講和的可能，聽明白了沒？」

使者見耶律德光一臉怒氣，口氣又頗爲輕浮，便認定他沒有講和的誠意。回去之後他便跟石重貴說耶律德光不同意講和。雙方只得繼續戰鬥。這個時候，契丹的戰馬經過一位高人苦口婆心的勸導之後，不再拒絕娶妻生子，契丹又恢復了兵強馬壯的年代。加之後晉很多將領的不戰而降，耶律德光率領的部隊很快就打到了後晉的都城開封。

西元九四七年一月，耶律德光穿上了龍袍，坐上了龍椅，接受百官朝見，宣佈改國號爲遼。耶律德光整日飲酒作樂，自以爲很知道治理天下的方法，事實上他只會打天下，根本不會治理天下。有大臣請求從國庫裡面拿錢出來發給將士們。

耶律德光：「什麼?將士們還需要國家給發錢麼?」

大臣：「軍隊是國家機器，當然要由國家來養活了。」

耶律德光：「讓他們用搶的吧，搶多少是多少。」

契丹士兵們便開始四處燒殺搶掠，這引起了中原人民的極大反感。接著耶律德光又搜刮民脂民膏，供自己揮霍。搞得民間怨聲載道，一些後晉的官員利用民憤開始叛亂。

耶律德光在中原住了三個月，吃的，住的，用的，都和原來在契丹時候完全不同，最後他終於住不下去了，決定返回契丹總部去。結果他在路上得了熱感冒，病死在了半路上。

韓冬．Say

．沒有人知道耶律阿保機和李克用在帳篷裡頭發生了什麼事情，很明顯的一點是李克用心甘情願的跟耶律阿保機握手言和了，因為出來的時候沒有刀抵在李克用的腰上。握手言和是因為那些牲畜和戰馬，事實證明牲畜和戰馬都是臥底。貌似粗獷豪爽的對手可能才是最陰險的。對手的小便宜更占不得。

．讓韓延徽去放馬應該也會將馬放得很肥美，可是就不會有那麼多漢人的建築湧現，也不會有漢人前來投靠了。要知人善用，適合做飯的人就不要讓他衝鋒陷陣，適合搞策劃的人就不要讓他去跑銷售。

．並不是所有的話都是能夠說出來的，特別是老闆，這就需要你有一些觀察領悟能力，知道他的意願，方能在合適的時候站到合適的位置上。從他平日裡的表現，細節來推斷出結論，一般都不會出錯。述律氏的大臣們能正確地站到耶律德光那邊，就很好的表現了這一點。

．在不恰當的時機結婚生子是非常影響戰鬥力的事情。

Q版三十六計

試閱版

事實上在寫這本書之前，韓冬讀了《三十六計》各種版本總共三十六遍，為了能寫好這本書，在此之後還仔細研讀了《史記》、《資治通鑑》、《金瓶梅》、《玉蒲團》等參考資料。這本書可以說是集各種版本的三十六計和韓冬的聰明才智於一體的一本三十六計相關的好書，其最大的特點是，淺顯易懂，幽默搞笑，而淺顯易懂和幽默搞笑又不是以犧牲三十六計深刻的內涵為代價的，也就是說我找到了一種很好的表達方式，這種表達方式讓你閱讀的時候很有快感，很high，同時又讓你系統的，透徹的，完整的了解三十六計的所有內涵及其外延。

趕快將這本書帶回家仔細研讀吧，不過千萬不可混水摸魚、順手牽羊喲……

並戰計

沒有軍隊會嫌自己力量太過強大的，也沒有人嫌自己太過強健的，這些東西總是愈強愈好的。如何能提高自己的戰鬥指數呢？除了內修外練之外，我們還可以借助外力，或者說乾脆吞併外力。即便是吞併，也要選擇有力量的有價值的來吞，別人有力量有價值，為什麼心甘情願的跟你混呢？這就是方式方法問題了，有的時候我們欺騙、有的時候我們下套、有時候我們裝瘋賣傻，最終目的都在於增強我方力量——哪怕是表面上增強了。現實總是殘酷的，錯綜複雜的，讓人感覺無從下手的，掌握了這套「並戰計」，你就掌握了吞併的法寶了。

第廿五計　偷樑換柱

搶匪頭子：

明天你們就要去應招了，今天我在這裡給大家送行。

祝你們在官府一帆風順。

【原文】

頻更其陣，抽其勁旅，待其自敗，而後乘之，曳其輪也。

【譯文】

頻繁變更敵人的陣容，用以抽換它的主力，等待它自行失敗，然後乘機制服它。這就像拖住了大車的輪子，也就控制了它的運行一樣。

【按語】

在古代作戰，如果雙方想的都是真正酣暢淋漓地幹一場的話，就會彼此約好時間、地點，然後兩軍對陣，先彼此盯著對方，讓自己心中充滿了仇恨和必勝的信念，讓空氣爲濃郁的殺氣所彌漫，爲蕭瑟的氣氛所禁錮，這時背景音樂通常都是悠遠而緊張的琵琶或二胡，而這個演奏者通常都會在一個離這裡很遠的冷清地方，通常他會是一個瞎子或是一個目光呆滯的清純女子，樂器的弦通常都不會很牢靠，奏著奏著就斷了，弦一斷雙方就開始打衝鋒了。事實上在作戰之前雙方都是要擺陣的，擺陣不是爲了好看，而是爲了讓現有的力量發揮最大的力量。擺陣都要按東、西、南、北方位部署。陣中有「天橫」，首尾相對，類似於十字架的那一豎，這是陣的大樑；「地軸」在陣中央，類似於十字架的那一橫，是陣的支枕。這是古代擺陣的官方格式，讓整個部隊掛在一個大型的十字架上，很少有人去改變這種陣型。所以你只需要觀察敵人的陣型，就能知道他們主力部隊的位置了，就是中間的那一橫一豎，接下來你想針對主力部隊做點什麼，就由你了。

如果與友軍聯合作戰，應該出盡各種辦法讓友軍變換陣容，你可以請他們一起玩丟沙包的遊戲，讓他們跑來跑去，跑著跑著陣形就亂了，這個時候你可以乘機把自己的部隊安插進去頂替他的樑柱，如此一來他的陣地就由你控制了，一起打完敵人之後順便把他也可以滅了。怕的就是敵人也這麼想，約你玩老鷹抓小雞的遊戲，邊玩邊換人……兩場遊戲玩完之後，又換回去了。半天白忙活了。由這裡我們可以看得出來，在戰爭中要和你聯盟的人通常都是「口中喊哥哥，手裡摸傢伙」的主兒，心裡頭早就想著要掛你的……

偷樑換柱，是指用偷換的方法，暗中改變事物的本質和內容，以達到蒙混欺騙的目的。「偷天換日」「偷龍換鳳」「偷兒換女」說的都是同一個道理。在軍事上就是出賣朋友的一種方法了，將

他的主力換成自己的人馬，當友軍受創的時候落井下石全面控制之。既然這一招這麼陰險這麼無恥的話，肯定是能用在政治謀略上了。

高科技產品——多彩狼牙棒

西元二〇四年的秋天，天高雲淡，秋高氣爽。曹操帶領著人馬將鄴城圍了個水泄不通，完全斷絕了鄴城的內外聯繫，可憐的小鳥都回不了位於鄴城之內某一棵樹上的家了。袁尚帶了一萬多人馬前來救援鄴城。可是鄴城的守將審配並不知已有人來搭救他了，依舊急得像看中國男足比賽的球迷一樣。袁尚就得想辦法通知他，可是怎麼通知呢？發電子郵件？網線都被曹操切斷了。點狼煙？曹操軍隊在城外天天吃燒烤，那煙冒得比狼煙還強。趕一群綿羊進城，然後在某一隻綿羊的尾巴下面藏一封雞毛信？估計羊走不到城門跟前就被曹軍給烤光了。他放了一隻信鴿出去，卻又被曹操用重型投石車給砸了下來。袁尚也著急得跟看奧運會的女排決賽似的，這時卻有一個人自告奮勇地站了出來，說他可以去給審配送信，袁尚一看，正是主簿李孚。

李孚找來一條帶子，然後在帶子的正中間繡了一個「操」字，這便是曹操那邊的武官戴的頭巾了。他將這條頭巾戴在頭上，又找來一根狼牙棒掛在馬背上當作責罰將士的刑杖，帶了三名化妝過的騎兵，一路唱著曹軍軍歌前行，黃昏時分到達曹兵大營。李孚自稱是上頭派來的領導，他順著曹兵大營一路向東巡視，巡視期間不停地責罵周圍的將士。他指責一名士兵站得歪歪斜斜，手裡面的刀也太久沒有磨過了，還說他鼻毛太長有礙觀瞻。那名士兵雖然盡力解釋說：「那只是長得比較高一點的鬍子。」但屁股還是被李孚打了好幾狼牙棒。到了鄴城正南的章門門口，李孚又大聲責罵守衛的將士。

李孚：你們竟然不堅守崗位，到處亂跑。

曹將：我們沒有啊，我們一直都在這裡的，都督。

李孚：我剛剛明明看到一個黑影向那邊竄過去了，還說沒有，是不是想誣陷我眼睛不好，然後搶我的位子？告訴你，nodoor！你身爲首領帶頭不堅守崗位，是爲瀆職，屁股伸過來。

曹將：啊?!狼牙棒？以前不都是用木棍當刑杖的麼？

李孚：這是刑杖的最新升級版本，是高科技產品，棒上的每根刺裡都注入了不同的調料，鹽、糖、胡椒粉、生薑粉、芥末、辣椒等所有的調料一應俱全，打在人身上可以讓你同時感受到酸甜苦辣不同感覺，讓你體會到人生的真諦。同時它還可以作爲調味盒，帶上它無論走到哪裡，都不會感到生活索然無味，你可以在用它打死一隻野兔後當即燒烤，而此時此刻你就可以將調料灑在燒烤之上，實在是行軍打仗，野外探險，饋贈親友之佳品，而且價格不貴哦。

聽完介紹之後，這名曹將就被李孚用這根「多彩狼牙棒」打得屁股開花。

李孚：爲了讓你們能夠堅守崗位，現在就將你們綁在你們的崗位上。

曹兵：綁得這麼結實，萬一城裡面的敵人衝出來砍我們怎麼辦？

李孚：我們人多勢眾，敵人哪敢出來？萬一真的出來的話，你們可以用喊的，千萬支箭就會立刻向這邊飛過來。

曹兵：那我們不也掛了？

李孚：哪有那麼容易掛的？即便是掛了也是爲國捐軀，總比你們因爲不堅守工作崗位而被砍頭要有意義得多吧?!

於是李孚將守城門的將士統統綁了起來。他的粗聲大氣早就將審配吸引過來趴在城牆頭上看呢，李孚向上喊道：「快放繩子下來，我要上去。」

審配道：「我爲什麼要讓你上來？」

李孚大喊道：「我是李孚啊！審配，快點吊我上來，我有要事通知你。」

審配道：「你也知道我是近視眼，眼鏡壞得快，恰好今天送修去了。不過你的聲音倒是滿像李孚的聲音的。」

被他捆住的那幾個曹兵已經開始用喊的了，眼見曹軍就要圍將過來了。李孚著急地大喊：「我真的就是李孚，快點啊，曹兵就要湧過來了。」

審配在城頭上大喊：「可是我真的不能確定你是不是敵軍，我們又沒有暗號什麼的，要不我出個題你答一下，看看你到底是不是李孚。請聽題，有甲乙兩根水管，巧的是正好有一個水池，甲水管兩個時辰可以將這個水池注滿水，乙水管三個時辰可以將這個水池的水放光，請問甲乙水管同時開，多長時間可以將這個水池注滿水？」

李孚道：「…………，去你媽的水池！」

審配道：「咦，真的是你啊。」

審配垂下了幾根繩子，將李孚及其手下吊上城。李孚一上城頭，審配就緊緊地擁抱李孚。

士兵：審將軍，您，哭了？

審配：我實在忍不住啊，這麼多天以來，我天天看著城下面黑壓壓的曹軍，怕啊，現在李孚兄來了，就好了。

李孚：看來你真的很焦急，可以聞得出來，你已經好久沒洗澡了。能放開我嗎？

審配：哦，好好。李孚兄是否帶來了突圍的錦囊妙計或是大隊人馬或是絕世武功秘笈或是月光寶盒什麼的？

李孚：都沒有……

審配：靠，那你跑來做什麼？看來還是個死了。

李孚：不過我給你帶來了一個消息，我軍一萬餘人來搭救你了。

審配：哇，太開心了，再來抱抱。

話說曹營這邊。被捆住的那幾個將士經過一番大喊大叫，終於喊來了同伴。被放開之後，他們立刻向曹操彙報了李孚假裝領導，進入鄴城的過程，並告訴曹操，李孚有一根「多彩狼牙棒」厲害非常。曹操笑著道：「他進城，肯定還會出城，等他出來時我們再收拾他。」爲了避免敵人再次冒充自己人混進隊伍，曹營舉行了聲勢浩大的聯歡晚會，讓大家彼此互相認識。

李孚送完信要回袁尚處複命，他明白這次是不能再威風凜凜地扛著狼牙棒出去了。他又想了一個辦法。他讓審配將城裡面的老人們集合起來，然後將他們放出城去，以節省糧食和降低鄴城人口平均年齡。晚上，他讓這些老人們扭著秧歌舉著白旗從三個城門出去向曹軍投降，李孚與隨行的三個人又假裝成晃晃悠悠的老人混在其中，乘著夜色飛奔而去。

【畫龍點睛】

這一計的主旨在於將敵方的主要部署偷換為我方的力量，進而達到變劣勢為優勢，讓敵人自亂的目的。這一計在運動之中和敵人比較混亂的情況下運用最佳。你可以讓自己的士兵穿了敵人的衣服，混入敵軍；也可以將那個人準備好要用來做掉你的手槍偷換成向後射的手槍。如此一來敵方不但會敗，而且會敗得不明所以。

第廿六計　指桑罵槐

她昨天說我又懶又蠢又笨還飯量又大，就像一頭豬一樣……

可我本來就是一頭豬啊！

我想她應該是講給她身邊的她的小叔子聽的，人類真陰險！

【原文】

大凌小者，警以誘之。剛中而應，行險而順。

【譯文】

強大的懾服弱小的，須以警戒的方法來誘導。剛強適度，可以獲得擁戴；堅毅果敢，可以令人信服。

【按語】

帶著不服從自己的部隊去打仗，這樣的部隊是決計打不了勝仗的。這時你該怎麼辦呢：給他們錢？無緣無故發錢給人，會被人懷疑別有用心的；一人發一個美女？林青霞漂亮還是徐若宣美貌？你該怎麼分呢？分配不均又會被人記恨在心……這時你就需要一些威嚴了，然而卻也不能一味的訓斥和謾罵，因為人都是有尊嚴的，一味的訓斥可能會給你招來殺身之禍哦！最好的辦法就是旁敲側擊地批評他或者殺雞儆猴地恐嚇他。

如果你覺得士兵整天無所事事而又不夠勤奮，你就可以拉來一口豬，在士兵面前對那頭豬怒斥：「整天只知吃飯睡覺，你對不對得起人民，對不對得起國家，對不對得起生你養你的父母啊你？這樣活著還不如死了算了，來人啊，砍了！」……

如果你覺得士兵在戰鬥中畏首畏尾，不夠勇往直前，你可以抓一隻烏龜來，在士兵面前歷數烏龜的不是：「有的人活著他已經死了，有的人死了他還活著。你就屬於活著但是已經死了的那種，身為一個男人，整天把自己縮在一個殼裡面，走起路來慢慢吞吞賊眉鼠眼，你這樣的東西留在世上有什麼用？來人啊，給我洗洗燉了！」……

如果你覺得士兵只知道想老婆想女朋友，而沒有堅強的戰鬥意志，你可以抓一隻蝴蝶來，在士兵面前捏著蝴蝶的翅膀訓斥牠：「你別以為我不認識你，你不就是梁山伯麼？父母辛辛苦苦供你讀書，國家循循善誘培養你的學識，而你呢？不知道報效國家，報答父母，卻整日兒女私情纏綿悱惻，最後還變成這樣一隻毫無用處的動物，我要是你我早就咬舌自盡了，來人啊，給我……給我……夾到

《三十六計》裡面做標本！」

士兵中如果有上述這些缺點的人，聽到你的訓斥之後自然會明白其實你是在批評他們而且給他們留了面子，再看到這些東西的悲慘結局，肯定會改變自己的態度和作風了。

指桑罵槐，這一計我們應該從兩個方面理解。一方面是總理和外交部的事情，在外交過程中可以指著桑樹訓斥或者恐嚇槐樹，對於弱小的對手，基本上嚇唬嚇唬之後就投降了，對於強大的對手也可以隱隱約約若有若無地威懾他一把；另一方面就是軍事上了，上面已經講過了，在此不再贅述。春秋時期，齊國的總理管仲想讓魯國和宋國投誠，他並沒有直接派兵去攻打這兩國，而是挑了一個比較勢單力薄的小國家——遂國，滅之。魯國一看嚇得不得了，立刻陪著笑臉來進貢，宋國在鳳凰早班車上看到這個消息之後，對魯國的委曲求全和恬不知恥深表憤慨，但卻也無奈地去認輸求和了。

孫武操練美女記

依舊是春秋時期，著名的大軍事家孫武在網上連載了《孫子兵法》，一時間瀏覽者過千萬，把那些後宮佳麗的春宮圖遠遠的甩在了後面，直接導致了伺服器當機三個晝夜，孫武一時之間聲名大噪。吳王闔廬在尋找春宮圖的過程中看到了孫武的連載，非常地佩服，便立刻召見了孫武。吳王說：「看你的兵法真是感覺說得頭頭是道，精彩絕倫，不過你能不能給我當面演示一下，好

讓寡人開開眼界？」孫武說：「好啊，這有何難，您只要給我找些人來，我馬上就可以操練給您看。」吳王想存心爲難孫武，就找來了一百八十名的後宮美女讓孫武操練。一時之間軍校場上花枝招展，笑聲盈盈，芳香四溢，正所謂「春色滿園關不住」，好詩，好詩啊！把個作者寫得心旌飄搖……可是孫武畢竟是孫武，不是韓冬！他只是冷眼看著這些異性，在他的眼裡，她們只不過是一名名士兵——嫵媚的士兵。

卻說眾美女平常都在後宮裡面卷珠簾，顰娥眉，本就沒見過什麼大場面，這天在軍校場上看到這彩旗飄飄，戰鼓排列，還有好多身強力壯的男人……真的是心裡止不住地開心，嘻嘻哈哈，東看西看的亂作了一團。孫武下令一百八十名美女編成兩隊，命令吳王最喜歡的兩個愛姬作隊長，每人帶領一隊。這兩個美女哪裡做過領導啊，心裡覺得好玩兒，就拉拉扯扯地開始工作，總算把稀裡嘩啦的美女們排成了兩列。

孫武拿出了十分的耐心，認真地給這些美女們講解操練的動作要領。美女當中有人覺得這個男人可愛到十分，故意調戲他，對他放電。孫武始終不爲所動。上完課後，在操場上擺下了刑具，威嚴地說：「練兵不是鬧著玩兒，你們必須聽從命令，否則，一律按照軍法處置！」

美女們以爲這是來春遊做遊戲的，沒想到碰到這麼一個傻男人，心裡覺得十分好玩，這時戰鼓擂了起來，開始操練。孫武發令「向右轉」，所有美女沒有一個動的，哈哈笑成一團，有的還用兩隻大眼睛盯著孫武看。孫武說：「剛剛沒有把動作要領交代清楚，這是我的錯！」接下來他又交代了一遍，並問大家有沒有聽明白，眾美女異口同聲道：「聽明白了！」

鼓聲再起，孫武發令「向左轉」……還是沒有一個動的，這時美女笑得比上次更厲害了……孫武陰下臉來，按照軍法要斬首兩個隊長，吳王一聽慌了手腳，那可是他的小心肝啊，連忙對孫武說：「閣下果然用兵如神，寡人佩服佩服，今天我們就到此爲止吧，晚飯時間也差不多到了，兩個愛姬，就放她們回去歇了吧……」孫武說：「將在外，君令有所不受。既然你要我操練，我一定要操練成功才行！」於是將兩名可憐的小乖乖嫋首示眾，眾美女嚇得魂飛魄散，香汗淋漓，接下來的操練一路順暢地做完了。眾美女終於學會了向左和向右轉。

卻說吳王因爲孫武斬了自己心愛的女人，心裡面很是難過，那兩個美女臨死前哀怨的眼神在他心中久久揮散不去。「只要征服天下，還怕沒有美女？」他心裡面如是想之後，還是以孫武爲將，終於使得吳國擠進了強國的行列。

【畫龍點睛】

要教育下屬，並不一定非要當面批評，這樣會傷害別人的尊嚴的；同樣，要達到目的，並不一定非要騎著馬去砍，這樣會浪費人力物力。只要情況分析到位，方式方法得當。側面的教育和恐嚇同樣能夠達到預期的目的。

第廿七計　假癡不癲

你以為我真的瘋了嗎？你錯了！其實我是為了臥底才裝瘋的。
我站在這裡，你看我是不是變成了一個衣帽架？
這個時候你就不知道旁邊有人在聽你們說話了。

【原文】

寧偽作不知不為，不偽作假知妄為。靜不露機，云雷屯也。

【譯文】

寧可假裝不知道而不行動，不可假裝知道而妄動；暗中策劃而不露聲色，就像冬天的雷電蓄力待發一樣。

【按語】

假裝不知道而實際上卻非常知道；假裝不會武功實際上卻是小李飛刀他媽。三國時候，司馬懿假裝患了老年癡呆症，讓曹爽對他放鬆了警惕，後來竟然輕盈地跨著馬去殺了曹爽；他接受了諸葛亮用來欺負他的女人的衣服（後來轉手給了他老婆），故意表面上假裝深受傷害的要去迎戰，實際上卻依舊待在城裡，如此讓蜀軍疲於奔命，因此他到達了成功的彼岸。姜維九次帥兵討伐中原，九次都未能成功，明知道這樣做是不可以的，偏偏要去學諸葛亮，這就是傻瓜的行爲了。有人說：「假裝糊塗既可以用來對付敵人，又可以指揮自己的部隊。」在宋代，南方的少數民族因爲沒有偶像明星用來崇拜而喜歡崇拜鬼神。狄青征伐儂智高，大軍一到桂林以南，他就倒在地上假裝拜神說：「此次用兵，勝負上沒有把握。」他又拿出一百個硬幣捧在手裡跟神仙商量：「如果我能夠打敗敵人的話，就讓扔在地上的這些硬幣有字的那邊朝上吧。」

左邊的隨從官說：「神仙那麼忙，哪有時間玩拋硬幣的遊戲啊！你當人家是小孩子，這樣會不會褻瀆神靈啊！」

右邊的隨從官說：「萬一都朝下，會讓士氣低靡的，咱還是別玩了吧！」

狄青不聽他們的話，在千萬人的注視下，將那些硬幣撒向蔚藍的天空，天空中飄著朵朵白雲，那些硬幣在空中閃閃發光，彷彿情人的眼淚一樣……因爲拋得太用力了，將士們等了半個多小時硬幣才都落下來，彷彿全世界的雨落在了全世界的草地上，大家一看，一百個硬幣竟然都是有字的那面向上。所有將士深受鼓舞，聲音響徹山谷，彷彿在爲自己上當而歡呼一般……原來這一百枚硬幣兩面都是有字的。狄青用私造錢幣外加假癡不顛的手法贏得了將士們高昂的士氣，最終打了勝仗，而後來的人們經常用這個方法來泡妞。

曹操煮酒論英雄

劉備在所有的帝王中，素以厚道、純樸、老土而著稱。史書上都說他是一個寬厚的儒雅的人，喜怒都不會表現在臉上，但凡表現在臉上的喜和憂基本上都是假的。就靠這個他好多次躲過災難，保全了性命。

劉備早年的時候還是比較能打仗的，並且因此而小有名氣。在張純反叛青州的時候，他被推薦去討伐張純，結果受傷了，趁著場面混亂之際，劉備躺在地上假裝自己是個屍首，任憑敵人腳踩馬踏他都一動也不動，後來終於逃了出來，撿回了一條性命。

劉備曾經和曹操是同事，曹操舉薦他爲左將軍，他是漢宗室中山靖王的後代，看到自己家裡的江山逐漸沒落，權力都被別人所瓜分，心裡面很是難過，一直想著要光復漢室。怎奈自己勢單力薄，兵馬不多而且自己又是一個文質彬彬的男人，只好假裝自己很滿足現在的生活，整日浪蕩於市井，喝酒作樂，或者和關羽一起用他的青龍偃月刀種菜，只有在深夜，當他看到滿天的星星的時候，他才敢一遍遍地回味自己的這個美麗的夢，並在臉上呈現出憧憬的笑容。

有一天劉備被曹操請去喝酒，和曹操在一起劉備本來就緊張，一看曹操談笑風生，聲如洪鐘，神清氣爽的樣子，更是心中充滿了恐懼，尤其要命的是曹操還不時地拿那種說不清楚的複雜目光盯著他看，看得他的小心肝跳得撲通撲通的。席間曹操問道：「小劉，你覺得現在誰是天下的英雄！」劉備一聽，壞了！這不是擺明了試探我麼？難道他已經洞悉了我的心——抑或他就是天上最亮的星星那一顆？劉備連忙敷衍搪塞：「是不是孫悟空？」曹操搖頭。「莫非是牛魔王？」曹操依舊搖頭，並且微笑著看著他。「袁紹、呂布、公孫瓚？」曹操均搖頭。最後曹操伸出中指指了一下劉備，又指了一下自己說道：「天下的英雄，只有我和你兩個人！」一句話嚇得劉備手中的筷子都掉到了地上，生怕曹操知道了自己的抱負。曹操卻微笑道：「我今天又沒有穿超短裙，你扔筷子幹嘛？死相！」這時正好天際響起一聲驚雷，劉備忙說：「你看你說哪裡話，即便你穿了超短裙，我也不敢撿筷子而借機偷看啊，只是我知道要打雷，所以筷子被嚇掉了，天生膽子小！」曹操看到劉備這個樣子，狂笑不止，覺得劉備連打雷都害怕，肯定成不了什麼大事了，於是不把劉備當角色了。後來劉備擺脫了曹操的控制，終於在中國的歷史上寫下了自己的名號。

【畫龍點睛】

時時刻刻展現自己的聰明和睿智並不一定就是好事。特別是你實力較弱，時機尚不成熟的時候，裝瘋賣傻是一種讓對方放鬆警惕，逐漸墮落下去的好方法。而自己則可以暗中奮發，或者出其不意地克敵制勝。這一計在古人中尤為流行。

第廿八計　上屋抽梯

你叫啊，你叫啊，你叫破喉嚨也沒用了，哈哈，誰讓你天真的相信我這裡有韓冬的《三十六計》可以看呢？我從來不看書的！現在嘛，嘿嘿嘿嘿……

【原文】

假之以便，唆之使前，斷其援應，陷之死地。遇毒，位不當也。

【譯文】

故意給敵人可乘之機，誘使其深入我方並切斷它的前應後援，使之陷入絕境，其遭致禍患，是貪求不應得之利的結果。

【按語】

什麼是唆？「唆」就是用好處去引誘敵人。現在所謂的教唆罪，也就是用語言呈現某種罪行之後的好處給別人（比如偷自行車後可以賣錢），導致別人去犯了罪，而被教唆者通常以弱智和未成年為主。不是弱智和未成年的敵人為什麼會上你的當呢？這就需要你先給對方一個好處、一扇方便之門——至少也應該給一個梯子。人家又不爬高上低，無緣無故擺一個梯子給人家做什麼？其實，這裡的梯子只是一個類比，代指可以讓敵人看到勝利的曙光，走上勝利康莊大道的便利。我們有這麼好心讓敵人走向勝利麼？我們又不是內鬼，當然不會這麼好心了，這只是一個誘餌，引誘他上鈎，其實等著他的是站在房頂上下又下不來，跳又不敢跳的淒涼境地。需要注意的是這個梯子一定要擺得不能讓敵人起疑心：敵人在沙漠裡面長途跋涉，已經兩三天沒有喝水了，乾涸難耐，幾近冒煙，這個時候忽然前面擺著一個冰櫃，裡面放著的是清一色的冰鎮純淨水——這樣的梯子顯然有點過於誇張了，你那裡面參了瀉藥的礦泉水敵人肯定不敢輕易享用。應該做的其實是這樣的：看到敵人遠遠的走過來，你派一隻瘸腿的駱駝走出去，駱駝身上放上兩個破水袋，裡面再裝上你參了瀉藥的井水，這個時候敵人就會有很大可能上當了，如果駱駝走過去時再能說上一句：「我是一隻迷路的駱駝，一隻可憐的駱駝」的話，敵人上當簡直就是一定的了。

只要敵人爬上了梯子，他就死定了。當年的苻堅就是中了慕容垂、姚萇的上屋抽梯之計，輕率地去攻打東晉，結果大敗於淝水。慕容垂、姚萇的勢力就此迅速擴張起來。

上屋抽梯的由來

上屋抽梯是由一個典故來的，話說後漢末年，劉表老大偏愛小兒子劉琮，而不喜歡大兒子劉琦。劉琦的後媽怕劉琦得勢，影響兒子劉琮的地位，於是就非常地嫉恨他，吃飯也不叫他，平常見了還要拿眼睛瞪他，拿口水吐他。劉琦就感覺非常的委屈和危險，怕有一天劉琮的媽終究會在防不勝防的情況下加害於他，於是他多次請教諸葛亮，自己到底應該怎麼辦？可是諸葛亮就是死活不說。

有一天，劉琦騙諸葛亮說：我的樓上有一套古籍，即便你飽覽天下詩書也是從未見過的，諸葛亮是個愛書之人，一聽如此就跟著劉琦爬上了樓。上去後劉琦才說：「其實我是騙你的啦……」諸葛亮一聽氣得不輕：「從來都是我騙別人，不想今天卻被人騙！不玩了，我閃了！」卻聽劉琦在背後說：「梯子已經拆掉啦，走不了了，今兒個你要是不告訴我我該怎麼辦，你就別想走！」諸葛亮當時忙著爲劉備打江山做準備，想要早點回家，無奈之下提點劉琦，於是給他講了個故事：

春秋時期，晉獻公的妃子驪姬欲要謀害晉獻公的兩個兒子：申生和重耳。重耳比較聰明，看出來驪姬的險惡居心，蛇蠍心腸，於是藉口旅遊出國去了。申生是個厚道孩子，想著要伴在老爸跟前侍候父親。一天申生派人給父王送去一些好吃的東西，驪姬攔了那些好吃的，自己津津有味地吃了一半，將另一半撒上無色無味可以斃人於無影無形之間的劇毒鶴頂紅，然後送去給了晉獻公。晉獻公剛剛要送進口中的時候，驪姬大喊道：「且慢！」把晉獻公嚇了一大跳：

「愛妃平日裡說話都是中氣不足，溫文爾雅的，今天……今天……怎麼會這麼大聲?!」

驪妃臉一紅，道：「我怕大王你聽不到，所以……所以……用了無線麥克風……」

晉獻公道：「那驪妃你不讓我吃是為什麼?莫非……你想吃?!」

驪妃道：「這是從外面拿進來的食品，應該先測一下有沒有毒再吃，難道大王你沒有看CCTV的每周質量報告?什麼『毛髮水』醬油，什麼顏料大蝦，什麼氨水製造的『龍口粉絲』……真是嚇死人呢!還是先讓左右侍從嘗嘗吧!」

左右侍從嘗了一點便七竅流血倒地而亡!晉獻公大怒，說申生想要殺他而搶他的位子，決定要斬申生，申生聽了之後也不聲辯便自刎身亡了。由此也可以看得出來：申生不跑，也是有他的原因的，其實他早就悲觀厭世了!

講完這個故事之後諸葛亮總結道：「申生待在國內所以掛了，重耳出國了，雖然要打工行乞，比較辛苦，但是至少活下來了!」劉琦領會了諸葛亮講話的精神主旨，離開了荊州前往江夏，終於免遭毒害。

【畫龍點睛】

用一點小利將敵人引誘至絕地，然後迅速斷其來路，徹底消滅他，這便是上屋抽梯之計。首先對方為什麼要上屋？因為有好處可以得，這好處是你故意展現給他看的。接下來的抽梯，一定要抽得迅速、徹底，讓對方沒有哪怕一線的生機，除了投降之外。

第廿九計　樹上開花

正如這樹上本沒有花，粘上些花上去它便開了花。

【原文】

借局佈勢，力小勢大。鴻漸于陸，其羽可用為儀也。

【譯文】

借助其他條件布成有利的陣勢，使弱小的兵力顯示出強大的氣勢。就象長空列陣的雁群憑藉羽翼和隊形來助長氣勢一樣。

【按語】

樹上開花的計策是說弱小的部隊可以通過憑藉某種因素，改變自己的外部形態，使得自己看上去很強大。如果你嫌自己太瘦，你可以在襯衫下面穿上厚厚的棉襖，讓自己看起來很壯碩；如果你太矮，你可以踩上一個一尺高的鞋墊，讓自己看起來很高挑；如果你是一隻羽翼未豐的小鳥，你可以撿

些羽毛來插在自己身上，讓自己成爲一隻成年的鳥……現在的鹽水袋和注入式豐乳都是這一計策的最原始應用。雖然這些並沒有改變事物的本質，但是人類往往爲事物的表像所迷惑，也可以獲得一時的勝利。

樹上開花是指樹上本來沒有開花，但是可以用彩色的綢子剪成花朵粘在樹上，做得和真花兒一模一樣，如果不望聞問切，真假著實難辨。

有一隻蜜蜂飛來，看到如此豔麗的花兒，口水都流出來了，一個俯衝下去，落在花上，拔出自己的針管兒就往花蕊裡面插……不想卻折斷了自己的針管，仔細一看，蜜蜂不禁生氣道：「原來是假的！」……

此計用在軍事上，是指：自己的力量比較小，則可以借友軍勢力或借某種因素來壯大自己的聲勢，披上一張老虎皮，讓自己成爲一隻老虎。

有勇有謀的張飛哥哥

張飛的大鬍子在我國歷史上是很著名的，他的勇猛也和他的鬍子一樣的著名，但是爲人所不知的是他還有自己陰柔的一面。劉備起兵之初，力量很是單薄，靠得主要也就是他在桃花林子裡面結拜到的兩個弟弟關羽和張飛。剛開始的時候，劉備與曹操交戰多次失利。劉表掛掉後，劉備在荊州孤孤單單，而且城中沒有多少軍力可供指揮，淚眼問花花不語啊！就在這個可憐的時候，曹操領兵南下，直達宛城，來勢洶洶之極。劉備慌忙率荊州的軍民退守江陵。因爲要舉城搬遷，所以所有的老百姓都跟著來了，瘸著腿的，得了帕金森氏綜合症的，尙且不會走路的……如此一來撤退的速度緩慢至極。終於還是給曹兵在當陽城給追上了，曹操和劉備打了一仗，劉備被打敗了，他的老婆和兒子都在亂軍中被衝散而失蹤了。

張飛和劉備且戰且走，劉備體質本來就差，到了現在刀都拿捏不穩了。張飛同志是個好同志，一直都很講義氣，看劉備如此狼狽，邊戰邊說：「大哥，你先撤，我來墊後吧！」劉備的聲音從遠處傳來：「我……知……道……啦……啦……啦」，張飛轉過臉去一看，劉備已經跑出好幾十里了。「我靠，閃的這麼快！」張飛依舊在力戰群敵，堵截追兵。劉備留下來的只有二三十個騎兵，怎麼能敵得過曹操的大隊人馬！張飛邊戰邊想辦法，終於給他想到了一個樹上開花的好計策。他命他所率領的二十二名騎兵都到樹林子裡面去，砍了樹枝，將樹枝綁在馬尾巴上，馬尾續貂本來就是一件讓馬很生氣的事情，再加上士兵的鞭子，於是這些馬在樹林子裡面狂奔。

張飛一個人騎了一匹黑馬，手持丈二長矛，很酷地站在長阪坡的橋上。追兵趕到，看到張飛那麼吊的一個人站在橋頭，胯下是黑馬，背後是夕陽，簡直就是武俠劇裡面的男主角，都不敢貿然前進，再一看樹林子裡面塵土飛揚，懷疑裡面有趴在地上閑來無事而抓土玩的伏兵。張飛只帶著二三十名騎兵，阻止了追擊的曹兵，使得劉備和荊州軍民順利撤退，使的就是這「樹上開花」之計。

【畫龍點睛】

這是一個關於虛張聲勢的計謀。在我方力量尚且弱小，羽翼尚未豐滿的時候，為了防止對方乘機扼殺我們於發展之中，我們可以借別的勢力、名聲、聲望等來展現自己的強大，以此來爭取時間和機會謀求發展。可以看得出來，樹上開花也只是權益之計，最重要的還是發展自己的力量。

第卅計　反客為主

認識他女兒，娶他女兒，奪他家產！

【原文】

乘隙插足，扼其主機，漸之進也。

【譯文】

趁著有空隙就插足進去，循序漸進，控制它的首腦機關，從而掌握主動權。

【按語】

客人也分很多種的，在別人家叫人家驅使的，那是奴隸；吃一頓飯就得走的叫暫客；能長久地住在別人家的叫久客；當了很久的客人卻還只能是客人而不能參與主人家事務的叫賤客；能夠參與主人家的事務並且逐漸掌握了決事權的就成爲主人了。所以反客爲主必須經歷五個步驟：第一步就是到

他家去當客人；第二步就是找到主人家的缺口之處；第三步就是插腿進去；第四步掌握機會；第五步成功地成爲了主人。成爲主人之後你就擁有了這家所有的東西：女人、銀子、馬匹、夜壺等等，這就是漸進的陰謀了。用在軍事上就是搶過別人的軍隊，爲自己所控制。

前面已經說了這是「漸進的陰謀」，不但要玩陰的，而且要一步一步玩才可以，也就是說：需要有秩序地玩陰的。如此才能最後取得成功。李淵在奪得天下之前曾經寫信誇李密，誇完之後後來就把他給滅了。劉邦在兵力上與項羽無法相抗衡的時候，對項羽恭敬之極，鴻門宴上，用裝孫子的方法逃過一劫。後來他力量擴大，由弱變強，羽翼豐滿，在垓下一戰之後，終於將項羽逼死於烏江。

反客爲主，用在軍事上，是指在戰爭中，要想辦法變被動爲主動，爭取掌握戰爭主動權的謀略。千方百計想法子鑽空子，插腿進去，控制它的首腦機關或者要害部位，抓住有利時機，兼併或者控制他人。以前的人用這個計策的時候，多半是用在盟友兄弟身上，往往都是借別人來幫自己的時候乘機取得其控制權。此中忘恩負義之行爲，實在是讓我……太喜歡了。

造反廣告做得好，不如打仗計謀好

隋煬帝大業三年秋，李淵聯繫了突厥，興起義師，率了三萬軍隊從太原往關中進發，打的旗號是尊立代王。走到半路被連綿大雨給擋住了去路，這雨一下，盔甲都生銹了，因爲鐵銹弄到衣服上洗不掉，所以大家的心情都非常鬱悶，而且一路泥濘不能行軍，只得就地駐紮隔著帳篷聽雨，心情更加煩躁。正在這時李淵又收到線報，說魏公李密率領了數十萬民眾，數了隋煬帝十大罪惡，並且以「辦證」廣告的密度布告了天下，公然開始起兵反隋。李淵聽到這個消息之後，大吃了一驚道：「竟然有人跟我想一樣的，最要命的就是他的人馬比我多，廣告也做得比我好。」他兒子李世民道：「造反廣告做得好，不如打仗計謀好。李密現在人多勢眾，我們暫且不能與他對著幹。不如聯絡他一下，也可以免去我們的東顧之憂。」李淵同意了李世民的建議，於是找來了秘書長溫大雅給李密寫了一封信，希望和他結成同盟，一起造反。

李密回信倒是挺快的，不過信中的內容就比較讓李淵吐血了。雖然信裡面表達了願意結爲同盟的意向，但是李密卻自稱盟主，並讓李淵自己騎著馬親自去河內簽訂盟約，而且路費還得自理。李淵父子兩個看了這封信，都特別火大，罵李密足足罵了半個時辰。罵累了之後李淵清醒過來了，便對李世民說：「好累吧，停停先。現在李密覺得天下他最大，即便我親自去和他訂立了盟約，他將來也說不定會單方面撕毀協定。我們現在正進軍關中，如果回封信問候他全家並畫上一對伸出來的中指倒也解氣，只是又會增加一個敵人。倒不如我們暫時忍一忍，讓我們表現得低調一點，謙恭一點，讓李密先幫我們頂著河洛一線的隋軍。到將來我們壯大了，他和隋軍拚到都傷得差不多時，我們再上去砍他，這樣豈不是很好？嘿啊，嘿啊，嘿啊……」

李世民道：「父親……你剛剛的笑聲好陰險，不過計謀很好。我這就再去找秘書長大雅。」

於是秘書長溫大雅又給李密寫了一封信，信的大意是：

現在天下大亂，需要有一個人出來救人民於水深火熱之中。而李密您額有朝天骨，眼有靈光，實在是神仙下凡的相貌，雖然我洩露天機會遭報應，但我還是忍不住說了出來。您就是那個拯救世界的人，人民需要您，社會需要您，國家需要您。我對您表示真心的擁護，只希望你當了皇上之後，能繼續讓我做唐王就成。

李密收到李淵的來信之後，開心到想要唱歌，立刻答應了李淵的要求。如此一來東邊的敵人就有李密頂著了，李淵可以一心一意地揮師西進了。敵人又少，路又好走，李淵一路攻霍邑、臨汾，直搗長安，將十三歲的代王侑抱上了皇位，並且改元義寧。第二年，隋煬帝掛了，李淵又將代王侑從龍椅上抱下來，然後自立爲皇帝，是爲唐高祖。

卻說李密那邊也比較順利，所到之處攻城略地，節節勝利。打到最後就剩下王世充一個人需要收拾了。唐高祖李淵派了李世民、李建成帶著兵馬來到東都說是來幫李密的忙。可每次李密派他們去打仗的時候，他們不是拉肚子就是從馬上掉下來摔斷腿。後來李密不理他們了，自己帶兵去打仗，進了馬圈才發現所有的馬都被換成了小毛驢。就這樣李世民和李建成以援助之名，行阻撓李密勝利之實，害得李密久攻東都不下。不過李密的實力還是強，有一天終於擺脫了李世民他們的阻擾，全面進攻東都，卻因爲過於目中無人而兩次中了王世充的埋伏，就在東都城下面，竟然大敗而逃，數十萬大軍也被他糟蹋得就剩了二萬。他就率著這兩萬人馬前去投奔關內的唐王李淵。

李密心想：「李淵那麼崇拜我，我去了以後李淵會不會吵著要簽名呢？給不給他簽呢？算了，如果他好好招待我，繼續尊重我的話，就給他簽一個吧……」可誰知他去了之後，李淵卻對他愛理不理，儼然忘記了當初信裡面寫的肉麻的話了。李淵只給李密封了一個光祿卿的閒職，所做的工作類似於豬八戒取完經之後被封的「淨壇使者」，另外又賜給了一個刑國公的稱號——而這的確就只是一個稱號，就跟阿彌陀佛一樣沒有實際意義。

李密對此非常失望難過，心又悲來心又痛。

做大將軍的時候時間也在過，做淨壇使者的時候日子也在過。就這樣過了一段日子，李密心裡面愈來愈不舒服，總是心煩意亂，還愛發脾氣，特別是每個月的那幾天。

李淵：我看李密心裡好像很不滿，我們得想辦法安撫住他。

李世民：父親你是怎麼看出來的？

李淵：他每天倒出來的太太口服液的盒子就說明了一切。不如把舅女孤獨氏嫁給他吧，正好孤獨氏也那麼孤獨。

李世民：啊，包辦婚姻不好吧？將來生活會很不幸福的。

李淵：傻瓜！我們這是古代啊，都是包辦的。而且自由戀愛的下場會很慘的，你看梁山伯和

兒子。

祝英台，多淒慘？再看看未來的自由戀愛，結婚就是奔著離婚去的。婚姻和戀愛是不一樣的啊，

李世民：啊……父親，我明白了！

沒想到李淵將舅女嫁給李密之後，李密還是不滿足，沒過多久，他便與王伯當勾結，一起反唐。不久之後就被唐將盛彥師打敗，這次連兩萬兵馬都沒剩，全軍覆沒了。李密和王伯當一起被殺死。

【畫龍點睛】

被支配、被管制總是一件很不爽的事情，或者你已經看夠對方那副小人得志的嘴臉了，或者在夢中你已經在他頭上拉了好幾次了，但有這些都是不夠的。如何能夠利用各種便利、條件、機會反客為主，佔據主動，便是這一計需要解決的問題。通常有以下幾個步驟：找到空隙、插腿進去、把握機會、成為主人。至於具體的運用還需要我們審時度勢，具體分析和對待。

敗戰計

相應於第一套的「勝戰計」，同樣「敗戰計」講的也不是怎樣打敗仗的計謀，雖然有的時候我們需要去打敗仗。每個國家並不是一開始就強盛的，每個部隊也不是一開始就無敵的，同樣我們每一個人也不是一出生就擁有能克敵制勝的本領的。總會有一種情況出現：敵人的勢力比我們強大；我們除了自己什麼都沒有；周圍的環境對我們都不利。在這種情況下，我們是不是就應該妄自菲薄，任人宰割呢？不是！我們應該扼住命運的咽喉，想盡各種辦法來扭轉局勢，取得勝利，「敗戰計」研究和提供了很多在這種情況之下的勝戰計謀。

搶匪乙：壞人最後的結果是不是都要得到懲罰？
不想這麼快我們就雙雙入獄了
搶匪甲：誰能料到連麗春院裡面的如花都是官府派來的呢？
我們把所有的過去給她講得好詳細啊……

第卅一計　美人計

【原文】

兵強者，攻其將；兵智者，伐其情。將弱兵頹，其勢自萎。利用御寇，順相保也。

【譯文】

對兵力強大者，要制服其將帥；對將帥足智多謀者，要削弱其鬥志。將帥鬥志衰弱，士卒士氣消沈，部隊就會喪失戰鬥力。利用敵人的弱點進行分化瓦解，就能順勢保存自己的實力。

【按語】

兵多糧足，將帥又聰明伶俐，這樣的敵人是不能與之正面交鋒的，在一段時間內最好暫時裝孫子而屈服於他。屈服於他不能只是口頭表達，還得有實際行動，送他土地，這會增強他的力量，就像六國爭著搶著給秦國送地討好他一樣，這是最下策；送人家金銀珠寶、綾羅綢緞——讓人家拿錢再去買新武器來做你？這是下策。唯獨送他美女，如此一來可以削弱敵軍將帥的體質，頹敗他的意志，因爲只有將帥有美女而別人沒有，如此一來更可以增加部隊對首長的怨恨情緒，實在是一箭數雕的好計謀啊！春秋時期，越王勾踐被吳王夫差給打敗了，於是用美女西施和貴重珠寶取悅夫差，讓夫差貪圖享受夜夜笙歌，最後終於兵敗——不過好好一個西施美女也被吳王給糟蹋了，哎……

現代戰爭中，甚至在政治爭鬥中，也有很多用美人計的例子。如果你是一個將帥或者官員的話，要時刻警惕你身邊來歷不明忽然出現的美女，比如通過夏雨邂逅、電梯相遇、英雄救美等等這些浪漫的事情認識的美女，需得特別小心她身上有沒有針孔攝影機才好。

董卓是這樣掛掉的

當年漢獻帝登基的時候只有九歲，尚且是個未成年的孩子。朝廷由董胖子董卓專權。董卓雖然體胖但不心寬，他爲人陰險，濫殺無辜，飯量又大還不講衛生，簡直是一無是處，最要命的是

他竟然還想要謀朝篡位奪取天下！滿朝文武看在眼裡，急在心裡，但是又恐懼董卓，因此都不敢說出來。

司徒王允看到這種境況十分擔心，朝廷裡面養著這樣一個奸賊，簡直就跟定時炸彈一樣，指不定哪天就做掉皇上取而代之了。但是董卓實力非常強大，而且還有些力氣，正面進攻或者背後拍黑磚恐難以奏效，而且會打草驚蛇。董卓身邊有一個義子，名叫呂布，不但人長得帥而且有勇有謀，對董卓忠心耿耿，誓死保護著董卓的安全，相當於董卓的私人保鏢了。

王允仔細觀察了這兩個人，好多次被董卓和呂布問：「你做什麼盯著我看啊?!」王允都搪塞過去，依舊盯著他們看，看得他們臉紅心跳的，經過長時間的觀察，王允還是有所得，這兩個人有一個共同的弱點就是：見了美女就走不動路，只因渾身上下的血液都集中到身體之一處去了。何不使用「美人計」？他們兩個人，我只給一個美女，如此一來他們必會相互殘殺，王允如是想。

王允家裡面有一個歌女，名曰貂禪。這個歌女不但色藝俱佳而且高風亮節，具有高尚的道德情操和爲人民服務的心靈。王允向貂禪提出用美人計誅殺董卓惡賊的時候，貂蟬爲感激王允對自己的恩德，爲了人民的幸福，決心犧牲她一人，幸福千萬家。

王允請了呂布來吃飯，主動提出將自己的閨女貂蟬許配給呂布。呂布一見這個絕色美人，立刻從心底裡面深深地愛上了她。「你要往哪走，把我靈魂也帶走，我爲你著了魔……」呂布十分地感激王允。二人決定選擇一個掃黃吉日完婚。

翌日，王允又請董卓到自己家裡面來，喝酒喝到興起的時候讓貂蟬出來跳舞。董卓一見，口水橫流。王允說：「太師如果喜歡的話，我就把這個歌女送與太師吧……」董卓邊說這怎麼好意思邊拉著貂蟬的手往外走，回了自己府中。

呂布聽說了這件事情後，即刻來找王允算賬，罵他背信棄義讓人家空歡喜。王允編了一套謊言說是董卓來看自己的兒媳婦，說今天就是掃黃吉日，要帶貂蟬回府去與呂布成親。呂布就相信了，回家穿上厚厚的禮服等啊等啊，等了好幾天都沒有動靜，再一打聽，原來董卓已經把貂蟬占爲己有了。

昨夜西風凋碧樹，獨上高樓，望盡天涯路。
東邊日出西邊雨，道是無情卻有情。

這中間在樹林子裡面和花叢中發生的一系列事情，我們就用這兩句詩來替代了。卻說有一天董卓上早朝，忽然就不見了跟在身後的呂布，心裡面頓生疑慮，快馬趕回府中。在後花園的鳳儀亭，只見呂布和貂禪竟然擁抱在一起。董卓撈了一把戟就向呂布刺將過去，被呂布用手擋開，呂布只得怒氣衝衝地離開了董府。貂蟬掩面而泣，讓人心碎。

王允見時機成熟，就邀請了呂布到書櫃後面的密室裡面談心。王允先是大罵董卓這個老色鬼搶佔自己的女兒，奪去了呂布的嬌妻，又亂倫又可恨。呂布也覺得受了莫大的屈辱，咬牙切齒地說：「要不是因爲我和他是父子，我真想宰了這個老鬼！」王允忙說：「好我的呂將軍，錯了你！他姓董，你姓呂，這算什麼父子啊，況且他搶佔你的妻子，還用戟戳你，擺明了就沒有把你當成兒子啊！」呂布說：「多謝司徒提醒，不殺了這個老賊，我誓不爲人！」

王允見呂布下了決心，就立即傳了個假聖旨，約董卓上朝聽經書。董卓腆著肚子，耀武揚威地進宮，剛走進門還沒弄明白怎麼回事，就被呂布一戟戳到了咽喉而斃命。朝廷內外，人人拍手稱快。

【畫龍點睛】

在對方實力比較強大的時候，我們可以利用女色和其所寵信的人，用美色和玩物來消耗其意志，降低其威信，如此一來對方的實力便會大打折扣。同時這一計用來對付個人也是居家旅行必備良計。職務愈高的人，此計對他的傷害愈大。

第卅二計　空城計

男：我吃喝嫖賭俱全，而且還不愛乾淨，特別是不愛洗腳

女：哼哼，我才不信，誰會把自己說得這麼不堪……我嫁定你了！

若干年後，暴雨之中，一個淒涼的女子仰天長號……

【原文】

虛者虛之，疑中生疑；剛柔之際，奇而複奇。

【譯文】

兵力虛弱卻更顯示出虛弱的樣子，使敵人加重疑惑；在敵強我弱的情況下，巧妙地運用這一策略就更加奇妙莫測。

【按語】

虛虛實實，實實虛虛；虛而更虛，實則不實，阿彌陀佛！此計講究的就是一個「虛」字，只需要讓空虛的顯示它的空虛，則會讓奇妙的更加奇妙，就像按語中的第一句話一樣，繞暈敵人爲宗旨，這樣一來，敵人就不敢貿然行動了，從而爲我軍贏得寶貴的時間和機遇。自從諸葛亮運用了這一個計謀而出名之後，後來的歷史上很多人曾經用過這一計。比如唐玄宗時代張守圭接替了戰死的王君煥。正當他忙著修被敵人推倒的城牆的時候，敵兵忽然前來襲擊。因爲沒有預料到敵人會這麼快，所以城裡面沒有任何防禦的設備——除了一些弓箭和數塊磚頭。大家驚惶失措，慌張焦慮地走來走去。守圭說：「敵人人多勢眾，我們的城牆又還沒有修好，就用那些弓箭和磚頭顯然是不能退敵的，只能玩陰的了。」他讓將士們和他一起坐在城牆頂上，邊喝酒邊講黃段子，花天酒地，談論女人，他們爽朗的笑聲直傳到城外敵人的耳朵裡面。敵人一看這樣子，懷疑城裡面有埋伏，於是悻悻退兵而去。

北齊的祖珽做徐州刺史的時候，剛剛上任，就遇到南陳的大舉入侵，當地的老百姓也乘機起來造反。祖珽下令大開城門，城牆上的士兵都撤回城裡面去，街上禁止人類通行，連雞們狗們也都被捂住了嘴而不能出聲。南陳軍隊摸不清楚城裡面是怎麼回事，而又不敢貿然進去查看，懷疑北齊的軍隊已經逃走，而且逃走的時候連阿貓阿狗都一起帶走了，這裡成了一座空城，因此沒有人守備，正當他們在城外專心致志地想這些事情的時候，祖珽忽然命城裡面的士兵高聲大叫，同時敲鑼打鼓。南陳大軍竟然就被這一點點的士兵而嚇得四處逃竄去了。

我們可以看得出來「空城計」是一檔險中求生的節目，如果計謀運用成功了，則可退兵；如果不成功的話，免不了被群毆的悲慘下場。而能不能成功則主要要看對方將領的心理和性格了，如果他生性多疑，這一計成功的把握就比較大；如果對方是個二百五，管你有沒有埋伏都只知道往前衝的話，你大開著城門就死定了。同時，這一計也只能是一個緩兵之計，一旦敵人了解了實情，肯定會覺得自己的智慧被侮辱了，會更狠地來進攻你，所以最重要的還是實力，有實力才能有魅力，發展才是硬道理。

諸葛亮與太上老君

講到空城計就不能不講到諸葛亮，他用空城計退去司馬懿十五萬大軍的事跡一直爲後人所稱頌。故事的發生是這個樣子的，諸葛亮收到馬謖率領的先頭部隊慘敗的消息之後，立刻命令部隊全面後撤，而他自己也撤退到了西城，並讓城內的老百姓和糧草都出了城。就在轉移糧草的時候，他接到探子的不斷來報：「司馬懿率領的十五萬大軍正向西城開過來。」

這個時候，城內只有維持秩序的士兵兩千多人。諸葛亮身邊的將士聽到這個消息之後無不大驚失色，諸葛亮卻冷靜地吩咐他們：「將所有的旗子都撤掉，每個瞭望臺上的人都回到工作崗位上繼續瞭望。不准隨意亂動，特別是不准逃跑；不准發出聲響，特別是發抖的聲音。否則，格殺勿論！」

下達命令之後，諸葛亮就將城門打開，然後做了一個心理測試。他挑出幾十名士兵，讓他們化妝成清潔工在城門口打掃衛生，並且再三叮囑他們說：「你們不用害怕，我會與你們同在。即便魏軍到了眼前，也不能驚慌騷動。事實上，即便你們騎上手中的掃帚，也是飛不起來的，而且你們手中的掃帚都只是普通的掃帚，而不是威力巨大的武器化妝而成的。」佈置完這些之後，諸葛亮脫下戰袍，打扮成道士的樣子，拿了一具琴，帶著兩名童子爬上城樓，點了香爐開始彈琴。

遠遠的魏軍看到了城樓上的狀況。「不會吧，太上老君？」有人如是說。司馬懿道：「不是太上老君，一看身材就知道是諸葛亮了。」走進一看城中的情況是如此的蹊蹺，司馬懿納悶非常，擔心進城後中了埋伏，就準備指揮大軍撤退。他兒子司馬昭道：「諸葛亮會不會因爲城裡面沒人了，才這樣故弄玄虛的？我覺得不應該這麼草率地撤軍！」

司馬懿道：「諸葛亮是個非常謹慎小心的人，不可能這麼囂張的。現在城門開得這麼大，還有人在城門口打掃衛生。城內肯定有埋伏，如果我們這樣進去的話，肯定中了諸葛亮的計。你還小，你不懂。現在唯一應該做的就是撤軍。」於是司馬懿命令全軍撤退，而且是一路小跑地撤退。

城裡的將士們看到這種情形，嚇得撲通亂跳的小心肝終於放了下來，個個驚訝得目瞪口呆，紛紛向諸葛亮請教緣由，諸葛亮道：「不是因爲我看上去像太上老君他們才退兵的。司馬懿一直覺得我是一個謙虛謹慎的人，再加上我又經常用『三十六計』來陰他，所以他懷疑城內有伏兵才下令撤退的。」

【畫龍點睛】

在我方實力比較空虛的時候，如果敵方正好來犯，這個時候打是打不過的，我們這一計的方法是：將空虛變得更加空虛，然後展現給對方看。如此一來敵方就會產生懷疑而不敢輕舉妄動，從而爲我方爭取充實的時間和機會。這一計的成功實施需要敵方知道我方擅長用計，同時需要知道敵方生性多疑，這樣才不會城毀人亡。

第卅三計　反間計

敵人的間諜對我們的最大用處在於：
他可以幫助我們去晃點敵人，並且讓敵人深信不疑的上當。

【原文】

疑中之疑。比之自內，不自失也。

【譯文】

在欺騙敵人的手段中又佈置一層「迷霧」，順勢利用敵壘內的間諜輔助我做工作，就可以有效地保全自己，爭取勝利。

【按語】

用間，就是讓敵人內部相互懷疑和鄙視；反間，就是利用敵人對我們用間的機會，轉而用間敵人，感覺就像沒有槍沒有炮只有拿敵人送上前來的一樣令人開心。田單守著的即墨城被樂毅攻打，樂毅是一個有勇有謀的著名將領，田單就很頭大，雖然對方也不能輕易地攻打進來，但是讓這麼一個人惦記著自己和自己的城池，心裡面總會有毛毛的感覺。於是他就想了個辦法除掉樂毅，用的正是挑撥離間的手段。他散佈道：樂毅沒有攻打下即墨，不是因爲田單厲害，也不是因爲樂毅偷懶，而是因爲他想在齊地稱王，現在齊人還都不服他，所以樂毅就在即墨城外頭歇著了。這謠言很快就被傳到國內，燕惠王一聽，這還了得，趕緊以騎劫調換樂毅並召樂毅回國好砍他的頭，結果大家都知道了：樂毅閃人了，騎劫掛掉了。又如周瑜利用曹操的間諜，讓曹操平白無辜斬殺了兩員大將；陳平用離間之計讓項羽疏遠了軍師范增。都是間中有間也。

這條計謀是說：敵人來間你反而被你間。用一句古人的話概括也就是：間可間，非常間！然而怎麼才能讓敵人派來的間諜爲你所用呢？有兩種方法，第一種：收買他，用錢砸或者用女人誘惑他；第二種：晃點他，用演戲的方法或者用移形換影的功夫來欺騙他。《孫子兵法》裡面已經講過了：在戰爭中，間諜是很重要很有前途的一個職業。我們想要了解對方的情況，不能用猜的，也不能用夢的，更加不能用蓋的，而是應該派人去切實地摸清楚敵方的狀況。間諜又分五種：收買普通老百姓，邊種田，邊數田埂上經過的部隊的數目，然後彙報的，叫做因間；收買敵方官員，獲取較爲準確的情報的，叫做內間；收買或者利用敵方派來的間諜的，叫做反間；故意製造或者洩露假情報給敵方間諜，敵人上當受騙之後而將其間諜處死的，叫做死間；派人去敵方那邊旅遊偵察，然後跑回來報告的，叫做生間。你喜歡怎麼個間法呢？

蔣幹盜書

三國時期，赤壁大戰前夕。曹操率領號稱八十三萬之眾的大軍，準備渡過長江，佔據南方富饒之地。當時，劉備和孫權聯合抵抗曹操，但是倆人的軍隊加起來還少曹操一大截。

曹操的隊伍基本上都是由北方騎兵組成的，個個都是旱鴨子，本不善水戰。正好曹操軍中有兩個比較擅長游泳的投降過來的將領名曰蔡瑁和張允，他們可以爲曹操訓練水軍。因爲他們兩個有這一技之長，所以曹操十分地寶貝他們，給他們吃好的穿好的住好的。

一天早上，周瑜羽扇綸巾地打扮完畢，準備出來談笑風生，卻見對岸曹軍在水中花樣游泳，竟然井井有條，十分內行，心裡面害怕得緊。通過調查，周瑜知道了這些人的教練就是蔡瑁和張允，於是決定除掉這兩個心腹大患。

曹操雖然一時聰明一時豬頭，但卻一貫愛才，他知道周瑜年輕有爲，是一個軍事奇才，就很想把他拉攏過來。這個時候我們真正的豬頭，害曹操不淺的蔣幹就閃亮登場了。他跑上前來對曹操說自己和周瑜曾經是同窗好友，以前上學的時候經常同床共枕，談論女人到天亮，周瑜的老婆小喬，就是他幫忙追到手的……他願意過江去勸說周瑜歸降。曹操一聽十分高興，於是給蔣幹派了一艘船，就過江去了。

周瑜一看蔣幹這小子來了，就知道他是來幹什麼的了，當即心裡面就醞釀出了一套成熟的反間計策。他熱情地款待蔣幹，熱烈而又不失動情地追憶了當年陽光燦爛的日子。酒宴之上，周瑜讓所有的將領來坐陪，向蔣幹炫耀了自己的實力，接著還拉著蔣幹去看了堆積如山的糧草和肥胖如象的戰馬。他和蔣幹約定，只談友情，不談軍事，否則就不夠朋友，蔣幹準備好的滿肚子勸降的話全說不出來。

周瑜假裝大醉，說了好多不符合身分的話，還拉著蔣幹非要去和他同床共枕，搞得蔣幹心裡面怕怕的。蔣幹滿肚子的話都沒有說出來，哪裡能睡得著覺。好歹回去總得有個交代啊，哪怕偷他們的一匹馬回去也成。於是蔣幹偷偷下床，卻見周瑜的桌子上放著一封書信，他偷看了書信，原來是蔡瑁和張允寄來的，信中約定和周瑜裡應外合，做掉曹操。周瑜這時假裝說著夢話，翻了個身，嚇得蔣幹連忙跑上床去，躺在周瑜的旁邊。須臾之後，有人要見周瑜，周瑜起床和來人說話，還假裝叫了幾聲蔣幹，確認他正處於昏睡狀態，蔣幹卻也聰明地假裝自己真的就處於昏睡狀態，還從鼻孔吹了一個泡泡出來作爲標誌。一邊卻側耳細聽周瑜和來人的談話。周瑜和那人故意說得很小聲，只是在中間說到蔡瑁和張允的時候稍微大聲一點，其實他們是在談論最近熱播的電視劇的劇情，而蔣幹卻以爲來者是蔡瑁和張允派來的線人，因此對蔡、張二人和周瑜裡應外合的

計劃確認無疑。

他自以爲了解到了驚天大秘密，於是半夜悄悄地下床，悄悄地上船往家趕……遠遠的地方，周瑜看著漸漸遠去的蔣幹，臉上露出兩行微笑。蔣幹回到曹營後，跑到曹操的營帳，搖醒了曹操，激動地敍述了自己看到的和聽到的事情，並且把他從周瑜那裡偷來的信給曹操看了。曹操這樣被人叫醒本來就火大，一看這封信，更加火大，於是砍了用無辜的眼神看著他的蔡瑁和張允。曹操冷靜下來之後才明白是中了周瑜的反間之計了，但是蔡瑁和張允不是孫悟空，他們的頭一旦離開了身體，就回不去了。而曹操也不能因此事而聲張，無可奈何花落去……從此曹操一見蔣幹那個豬頭就感覺心煩意亂。

【畫龍點睛】

當我們發現對方派來的間諜或者隔著牆的耳朵的時候，應該做的不是砍了間諜或者砍了耳朵。我們可以收買間諜或者那隻耳朵，更加經濟的方法就是故意傳遞錯誤的消息給間諜或者那隻耳朵，讓他們將這個錯誤的消息傳遞給對方，如此我方便掌握了主動權，設埋伏還是拍黑磚就由得我們自己了。

第卅四計　苦肉計

「英雄救美」這一招雖然有點老套，但是我還是用這一招泡到了她。事後我狠狠的埋怨了我的兄弟，他對我下手有點太狠了。

【原文】

人不自害，受害必真；假真真假，間以得行。童蒙之吉，順以巽也。

【譯文】

人們通常不會自己傷害自己，真真假假使敵方信以為真，離間計就能夠實現了，利用敵人的弱點，如同對付無知幼童，順著他的意思，他就任你擺佈。

【按語】

間諜工作，是一項複雜、變化多端的工作。用間諜讓敵人內部相互猜忌；用反間諜，用敵人的間諜使敵人內部相互猜忌；用苦肉計，是假裝去做敵人的間諜，而實際上呢，卻是我們的間諜，這就叫做假中有真，真中有假，你中有我，我中有你，從而使得這部電影變得十分好看。派遣同我方有仇恨的人去敵人那邊，不管是做內應也好還是協同也好，都屬於苦肉計的範疇。

鄭國的武公爲了攻打胡國，竟然將自己的閨女嫁給胡國老大，並且殺掉了主張攻打胡國的關其思，使得胡國放鬆了警惕，最後一舉殲滅了胡國，因爲他捨得，因爲他犧牲大，所以成爲苦肉計最著名的案例。漢高祖派酈食其勸齊王投降，使齊王沒有防備漢軍的進攻。韓信果斷地乘機伐齊，齊王一發怒就把酈食其給煮了。

由此我們可以看得出來，這一計最重要的就是要捨得，要懂得犧牲（有時候也可以騙別人去犧牲）。正所謂「捨不得孩子套不著狼」說的就是這個道理：一方面，你要捨得將自己的孩子放在狼套子跟前，還得給洗得白白淨淨的（現在都實行計劃生育，所以要套狼最好趁著未結紮之前）；另一方面，狼決計不會想到你會做出爲了套他而犧牲自己的孩子這麼禽獸不如的事情。有了這兩方面的因素，狼上當簡直就是必然的事情了。不過要注意的就是：狼套子一定要確保萬無一失，不然的話，狼吃了孩子，套子卻沒有夾住狼，那就虧大了。

沒有人願意砍了自己的胳膊或者挖了自己的眼睛，這是人所共知的事情，如果有人被別人砍了胳膊或者挖了眼睛，這仇肯定就結深到不共戴天了。我方以假當真，敵方肯定深信而不疑。如此才能使苦肉計得以成功實施。運用此計我方要做出矛盾激化的表像，比如他偷了你的西瓜，你去找他算賬，卻被他砍了一條胳膊，於是你包著胳膊投奔敵國，如此敵國一定不會想到原來你竟然是他派來的。

由下面這些案例我們可以看得出來，古人的犧牲精神真的是驚天地泣鬼神，他們爲了把戲做真而不惜砍胳膊，挖眼睛，殺老婆……直到家破人亡爲止，這種精神著實值得我輩學習。

李穆苦肉計救宇文泰

東魏和西魏在邙山大戰。東魏丞相高歡帶著十萬大軍前來黃河北岸迎戰。關西大都督宇文泰準備火燒大橋，阻止高歡度橋而來，到了橋跟前才發現忘帶打火機了，把身邊的人問了個遍，竟然所有人都和他一樣，遂被高歡渡河過來，依著邙山擺了陣。

西魏大統九年（西元四五三年）四月十八號的清晨，宇文泰和李穆乘著清晨新鮮的空氣前去偷襲邙山，卻不料剛好碰到東魏軍搞緊急集合，他們遭到了東魏軍的猛烈攻擊而大敗，部隊丟盔棄甲，爭相逃竄，三萬將士死在邙山腳下。就在激戰中的時候，宇文泰的馬雙腳一軟就跪在了地上，將宇文泰掀翻在地。螢幕上打出一行漢字「這，就是缺鈣的後果。補鈣，刻不容緩！」這樣

一來就成了大家最不喜歡的國內廣告了。事實上當宇文泰被馬扔在地上的時候，東魏追兵就趕來了，東魏士兵前後左右散開，將宇文泰團團圍住。都盯著他看，宇文泰道：「我又不帥，別這樣看了。」這時，被一同圍住的李穆急忙翻身下馬，高高地舉起馬鞭就往宇文泰的身上抽打下去，邊打邊罵：「快說，你的主人宇文泰在哪裡？爲什麼你獨自留在這裡？」

宇文泰吃驚地看著李穆，因爲李穆竟然敢打他，更因爲他竟然問自己宇文泰去了哪裡，李穆連忙給他使眼色。宇文泰這才明白過來，連忙說：「大將他向那邊走了，說是讓我們待在這裡，給他引開敵軍呢。」東魏圍軍見李穆敢鞭打宇文泰，就沒有懷疑鞭子下面的宇文泰就是西魏大將。他們丟下宇文泰繼續向前追擊而去。

第二天，宇文泰和李穆分別化裝成白骨精和一個巡山小妖，離開邙山而去，平安返回駐地。回到駐地之後，兩人相向而坐，大哭起來。

宇文泰：你爲什麼哭啊？

李穆：死裡逃生，激動而哭，大將軍您呢？

宇文泰：你昨天打我打得好疼，昨天沒敢哭，今天補上……

哭完之後，宇文泰深深地向李穆表達了自己對他的感激之情，對身邊的人說：「能夠幫助我成就大事的人就是李穆了。」之後，又授李穆爲武衛將軍、儀同三司，進封安武郡公。前前後後賞賜李穆無數銀子美女。宇文泰說：「生命誠可貴，愛情價更高。若爲自由故，兩者皆可拋。是錯誤的，沒有了生命，哪裡還會有愛情和自由?李穆捨身救我，是金銀和愛情沒辦法報答的。」之後又賜給李穆一個鐵餅，作爲可以犯十次死罪的標誌。

【畫龍點睛】

每個人都有自我保護的意識，所以一般的人都不會自我傷害的，這是人所共知的事情。正因爲此自我傷害成為獲得對方信任的很好的方法，同時這樣還可能會博得對方的同情而更加靠近對方，不過自我傷害也應該有個限度，對著自己腦袋開槍和用刀子插自己心臟的自我傷害會因為直接掛了自己而看不到勝利。

第卅五計　連環計

我假裝不經意的告訴我的小綿羊：
那隻老虎得了口蹄疫。那頭老虎背上了沈重的思想包袱，
不久之後憂鬱而亡。

【原文】

將多兵眾，不可以敵，使其自累，以殺其勢。在師中吉，承天寵也。

【譯文】

敵人兵力強大，不可和它硬拚，應當運用計謀，使它們自相牽制，削弱其戰鬥力。將帥英明，指揮正確，克敵制勝就像有天助一般。

【按語】

龐統讓曹操將船用鐵環子連環起來，然後縱火燒之，大獲全勝，這就叫做連環計。連環計就是將敵人的船用環子連起來，使其不能自由運動而徧之的一種計謀？當然不是了，我們怎麼可能淺薄到以為連環計就是拿鐵環子連起來的一種計謀這種地步呢？連環計是一計累敵，一計攻敵，兩計連用而取勝。關鍵之處在於讓敵人累到大喘氣，然後我方以逸待勞。

同時連環計也是多種計謀套用的意思，比如你可以先用反間計想辦法讓敵人內部起火，然後再隔岸觀火，等那邊燒得差不多的時候，再去趁火打劫。使用連環計並不是規定必需要達到四個或者五個以上的計謀套用，我們應該重視用計的質量，而不是數量。如果你把前三十四計都連起來套用了一遍，結果敵人非但傷亡不大反而愈活愈旺盛，那你就可以去死了。

慎子計保五百里土地

楚懷王於西元前二九六年病故。他死的時候楚太子還在齊國當人質，現在楚太子需要回國接替老大的位子，可是齊王不讓，非要繼續留楚太子在齊國喝茶。

楚太子道：「齊王不用這麼客氣了，我都在齊國白吃了這麼多年飯了，我也不好意思了。」

齊王道：「我這個人就是這麼好客，就是喜歡招待人，您就好好住著吧！」

楚太子道：「其實在齊國做人質這些年，既沒有刀架在我脖子上，也沒有炸藥捆在我身上，吃的穿的用的還都是名牌，做人質做到這個份上我也很滿足了。齊王您的恩情我會記得的。」

齊王站起來道：「我就是要你留在齊國，就是要讓你繼續當我們的客人。」

楚太子也站起來道：「我家裡那麼忙，真的得回去了，您的好意我心領了。」

齊王聽完此言，看著楚太子那堅定無比的神情，黯然傷神地垂下了頭，抽泣著說：「既然你去意已決，那我也不留你了，你就隨便將東部的那五百里地送給我們齊國吧！」

太子回來之後就立刻去找自己的機器貓慎子，每次一有問題只要問慎子，都能得到滿意的答案。慎子聽完他的敍述之後道：「回家才是硬道理。待在別人家說不準哪天就會被陰了。你先假裝答應他的要求，剩下的事情我們以後再說。」

太子：假裝？這不是晃點別人麼？

慎子：在丟掉性命和晃點別人之後的懊悔中間，你覺得哪一個更嚴重？

太子：當然是丟掉性命了，命都沒了還搞什麼啊？

慎子：這不就對了？

太子：那就……晃點他？

慎子：對！晃點他。

太子答應了齊王的要求之後，終於被接回了楚國，並繼承了老大的位子，封號楚襄王。沒過多久，齊國就派了使者前來要地。

楚襄王：什麼地？

使者：你當初答應給我們的五百里土地啊！

楚襄王：有這樣的事情？我怎麼不知道？

使者：啊？這麼說你想賴賬？還好我們大王聰明，當時就錄了你的音，我現在就放出來給你聽聽。

楚襄王：我靠，竟然敢錄我的音，我跟你拚了……

楚襄王終究還是被左右侍從拉住了，其實那個使者人高馬大的，楚襄王在衝上去的時候已經有點膽怯了，所以用眼神暗示侍從拉住了他。他送使者出去之後咬牙切齒地道：「我痛恨錄音！」

楚襄王又去找了慎子。慎子回答道：「先召集群臣，看他們怎麼說。」楚襄王於是一個一個的就此問題面試了他的大臣。

第一個進來的是子良。

子良：既然大王您過去都已經答應人家了，那就給了吧。要不然被人家說我們不講信用，不是有人說誠信是一個國家賴以生存的根本麼？

楚襄王：那你的意思是給他們這五百里地？

子良：但是……我覺得土地才是一個國家賴以生存的根本，沒有了地去哪裡建國家啊？火星麼？所以我覺得應該再弄回來。總結一下，我的意見就是，先將地給他們，然後再從他們手裡搶回來。

第二個進來的是昭常。

昭常：我們楚國之所以被別國稱爲萬乘之國，也就是有萬輛兵車的國家，全是因爲我們的地盤夠大，有地方放馬。

楚襄王：嗯，我們楚國的確是地大物博。

昭常：現在割去東部五百里地，我們的一半地就沒有了，而且割剩下的那些地方都不適合養馬，這怎麼可以呢？

楚襄王：怎麼聽你這麼一說，楚國就是一馬圈了？

昭常：部隊是國家的根本，馬是部隊的根本，所以我們必須要重視馬，愛護馬，尊重馬。地堅決不能給齊國，我請求大王派我騎著馬帶兵去守護我們的領土，這就是我的意見了。

最後進來的是景鯉。

景鯉：不給他們！

楚襄王：……

景鯉：……大王爲何看著我？

楚襄王：你……說完了？

景鯉：完了。

楚襄王：那就是死賴著不給了？他們如果搶怎麼辦？

景鯉：我們可以派人向秦國求救啊！

楚襄王：不給人家好處人家憑什麼幫你？把這五百里地給秦國，讓秦國幫我們，以免齊國來搶這五百里地？地還是沒有了啊！

景鯉：其實秦國應該幫我們的。如果齊國真的搶了我們的五百里地的話，齊國就會更加強大，這樣對秦國也是威脅，所以我覺得秦國會來幫我們的，這就是我的意見。

楚王覺得三個人說的都很有道理。一時又不知道怎麼辦才好，於是去找了慎子，並將他們三個人的話轉述了一遍給慎子。

楚王：他們說得都很有道理，你說怎麼辦，到底聽誰的呢？

慎子：誰的都聽。

楚王：……在這件事情上，從頭到尾你可連一個有建設性一點的意見都沒有給我。你到底想怎樣？

慎子：就讓我用事實來證明他們說的都是對的吧，你從我充滿信心的語氣裡面應該能得到些信心了吧？

楚王：好吧，就按你說的來辦。

於是楚王派了子良去齊國獻地，又派了昭常騎著馬去守衛著所獻之地，最後還派了景鯉去秦國求救。三個人都覺得意見被尊重了，滿懷激情的各自分頭行事。

子良到了齊國對齊王說：「我是來給你們地的，地就在那邊，你們去拿吧！」齊國派了人馬去接管地盤，卻被昭常的部隊毆打，昭常說：「我奉大王的命令保衛每一寸領土，決心與國土共存亡。如果你們想要得到這塊地，你們將收到血的教訓。」齊王責備子良玩他。子良道：「楚王答應給齊國土地的，昭常不給，這是抗旨，你們打他們吧，我不會幫忙的。」齊王立刻派了大軍去攻打楚國的東地。部隊剛要跨國邊界的時候，秦國拉了五十萬人馬來齊國周圍野炊。齊王怕後院起火，就讓子良回了楚國，派了人去秦國求和，齊國才保安穩，楚國終於還是保住了那五百里的土地。

【畫龍點睛】

這一計的關鍵在於讓敵人「自累」，使其內部互相牽制耗力。如果有兩頭驢是你的敵人，你只需要在牠們中間連線，然後一人面前放一捆草，牠們就會相互把自己累死。你也可以旁敲側擊的告訴牠們：牠們中間有一個會被評選為「千里驢」。敵人勢力再強，只要你這一計用得好，便會輕鬆搞定。

第卅六計　走為上

打得過就打，打不過就跑！

【原文】

全師避敵。左次無咎，未失常也。

【譯文】

在敵強我弱的情況下，為保存自己，主動退卻，待機破敵。這種以退為進的用兵方法，並不違背正常的用兵法則。

【按語】

敵方的勢力占了絕對的優勢，我方既沒有神助，也沒有撒豆成兵的巫師，這裡不是赤壁也不是淝水，諸葛亮和周瑜都出差去了……這種情況下我方是沒辦法和敵軍硬拚的，爲了保存實力，避免傷亡，只有三條路可以走：投降，講和，撤退。投降是最沒面子的，指不定遇到個狠角色還連小命都難保；講和就要送銀子送女人，還要簽訂喪權辱國的條約，落個千古罵名；而撤退呢？不但可以保存實力，還可以在走的時候咬牙切齒地喊一聲：「二狗子，我不會放過你的……」這也算是最不失面子的一種選擇了，只要你不從此留下童年陰影，自暴自棄破罐破摔總還是有機會反敗爲勝的。當然了，我們需要注意的是我們要在心中樹立起一個堅強的信念：就是要時刻告誡自己，走也是一種姿態，一種氣魄。走並不是逃跑，我們走的目的是爲了將來更好地不走。總之要從思想上說服自己，讓自己不要看不起自己才是。

我們跑了，保存了實力，但如果能在走的過程中引誘敵人，乘機搞他一下的話，這當真好極了。事實上，走，也是一門大學問。什麼時候走？摸黑還是乘霧，等敵人睡了還是乘他們打麻將的時候，這都是有學問在裡頭的；怎麼走？土遁還是潛水，化裝成一群羊還是化裝成一片雲，這也是需要指揮官審時度勢的。

檀道濟的撤退之道

西元四三〇年的十月末，來自西伯利亞的寒流向神州大地襲來，黃河提前封凍。黃河北岸的魏軍滑冰而來，接連攻下南朝宋文帝的屬地洛陽和虎牢。宋將到彥之準備全線撤退，老成持重的王仲德前來勸阻。

王仲德：不能走啊，到將軍，這一走敵人勢必會長驅而入，到時候就不好弄了。

到彥之：這一計不是「走爲上」麼？我現在走，很符合案例的發展吧？

王仲德：你擡頭看看，上面才那麼點字，案例不會這麼短的。這一集你不是男主角的。

到彥之：搞了半天是個群眾演員？那好吧，繼續堅守滑台。

第二年正月，宋文帝派大將檀道濟率領著兵馬前來救援滑台。檀道濟親自領兵上陣，短短幾天內就和魏軍打了三十多場仗，即便一次滅個幾百人，魏軍也著實傷亡慘重。檀道濟進軍曆城的時候，不料被魏軍的輕騎兵陰了一把，糧草都被魏軍給燒光了，雖然燃燒的大火給處於寒流中的他們帶來了一點溫暖，但是沒有了糧草，整個天空頓時都陰暗了下來。過了半天，大家都已經餓得體力不支了。

無奈之下，檀道濟只好決定從曆城撤軍。遠處傳來到彥之的聲音：「原來這才是這一集的男主角啊……啊……啊~……」就乘著檀道濟向聲音傳來的方向張望的空檔，一個士兵叛逃到了魏軍那邊，並且將宋軍那邊缺糧的事情全部抖了出來，企圖用這條軍事情報換一錠金子花，沒想到魏軍只給了他一個燒餅，就立刻前去追擊他的母軍——檀道濟的軍隊了。

宋軍士兵本來就餓得心煩氣躁，如今卻見這麼多人竟然要來砍他們。紛紛私底下商量著是乘著黑夜逃跑還是用易容術逃跑，只因死並不可怕，可怕的是死之前連頓飽飯都沒吃上。眼見整個部隊就要潰散了。檀道濟爲了防止敵人追擊，想了一個辦法晃點敵人。晚上他親自前去糧庫視察情況。糧庫裡面的米已經所剩無幾了，即便剩下的那些也差不多都被燒熟了。檀道濟讓士兵拉來幾車沙子，然後把這點米蓋在沙子上面，假裝很有糧食的樣子。魏軍的探子順著門縫看了一眼，看到一堆一堆的大米，立刻回報。魏將以為那個告密的宋兵是檀道濟派來引誘他們鑽進埋伏圈的，於是去將這個依然在吃燒餅的士兵殺了頭。

那時檀道濟兵力並不多，而魏軍人多勢眾，魏軍手拉手圍成一個圈，將宋軍圍在了最中間。檀道濟命士兵們換上新衣，套上新鎧甲，而他自己也換上了他最喜歡的那件白色的晚宴禮服，坐在車子上，就這樣向包圍他們的魏軍走去。魏軍知道檀道濟是南宋名將，尤以穩紮穩打著名，又見他這麼英明神武氣定神閑地向自己走過來，就覺得他肯定是設了埋伏的，不但不敢追擊，反而讓開了一條道路。檀道濟就這樣從敵人的重圍裡面把全部的軍隊撤了出來。

【畫龍點睛】

最強的總會留在最後，當對方人多勢眾，敵我實力相差懸殊，而前面的三十五計都暫時沒有用武之地的時候，這一計便是您的最佳選擇了。不過，最重要的就是要記得，自己一定還會回來的，這只是暫時地離開，積蓄力量，待他日，光復破碎河山。

爆笑版孫子兵法

試閱版

《孫子兵法》想必大家都非常熟悉了，即便不熟悉至少也會有所耳聞，即便沒有耳聞至少也很感興趣——如果不然，你也不會拿起這本書並且看到這段囉嗦之極的文字了，當然了，還可能會有一個例外，你可能是近視眼，你本身想從書架上取下來的是這本書的鄰居。不過既然現在書已經的的確確在你手上了，那就至少耐心看完吧，指不定愛上這本書，買了這本書，看了這本書之後你的人生將從此改寫，你將會變成一個千萬富翁，你從此以後將不會再失戀，將會成為一個有若干蘭心惠質的美女追的可憐蟲。

即將上市・敬請期待

計篇

一．打仗不是打架，打不過頂多去醫院躺幾天，再厲害一點頂多也就是一命嗚呼，打仗要是打不過的話，後果的嚴重性讓你想都不敢想，所以在打仗之前一定要三思、四思、五思而後打。要從哪些方面思呢？主要有五方面：道、天、地、將、法。這都是些個什麼東西，且看下面的白話譯文。

二．打仗只在乎勝負，不在乎你用什麼方法，用偷的和騙的都可以，因為在這裡不評四維八德模範。不管用什麼方法最終要達到的效果就是出其不意。

【原文】

孫子曰：兵者，國之大事，死生之地，存亡之道，不可不察也。

故經之以五事，校之以計而索其情：一曰道，二曰天，三曰地，四曰將，五曰法。道者，令民與上同意也，故可與之死，可與之生，而不畏危也。天者，陰陽、寒暑、時制也。地者，遠近、險易、廣狹、死生也。將者，智、信、仁、勇、嚴也。法者，曲制、官道、主用也。凡此五者，將莫不

聞，知之者勝，不知之者不勝。

故校之以計而索其情，曰：主孰有道？將孰有能？天地孰得？法令孰行？兵眾孰強？士卒孰練？賞罰孰明？吾以此知勝負矣。

將聽吾計，用之必勝，留之；將不聽吾計，用之必敗，去之。

計利以聽，乃為之勢，以佐其外。勢者，因利而制權也。

兵者，詭道也。故能而示之不能，用而示之不用，近而示之遠，遠而示之近。利而誘之，亂而取之，實而備之，強而避之，怒而撓之，卑而驕之，佚而勞之，親而離之，攻其無備，出其不意。此兵家之勝，不可先傳也。

夫未戰而廟算勝者，得算多也；未戰而廟算不勝者，得算少也。多算勝，少算不勝，而況於無算乎！吾以此觀之，勝負見矣。

【另類譯文】

孫子教導我們說：打仗是天大的事情，不像泡妞，鐵戒指不行就給她白金戒指；不像武松打虎，這次打不死還有下次；也不像發明燈泡，這次失敗了至少知道了這種材料不能用，只要有錢還可以接著來。打仗是要死人的，亡國的，它關乎到千萬人的身家性命，關係到國家的存亡。在這裡失敗不是成功的媽媽，可能你的一次失敗就造就千萬孤魂野鬼，其中還會包括你自己也飄在裡面飛來飛去。所以說打仗之前一定要前思後想，站著想，坐著想，邊唱《你究竟有幾個好妹妹》邊想。覺得你還沒有把握取勝，就趕緊歇著準備，覺得你有把握取勝才派部隊出去打。如果你想都沒想，或者是看著遠方假裝在想而實際上沒想，或者是你也想了，但是沒有想明白就派部隊出去的話，那你就死定了，不但死而且還要背上千古罵名：說你是豬腦袋！很恐怖吧，所以還是好好想一下先，想什麼呢？

不是想家也不是想她，在這個時候想這些都屬於胡思亂想。應該從敵我雙方的五個方面來進行分析，通過七種情況來進行對比，最終獲得結果。這，就是著名的「五七十二」定律，這個名次屬於我首創。這五個方面分別是：政治、天時、地利、將領、法制。事實上上面說的這五個方面是我從別的地方抄來的，我覺得第一個方面還是用「人和」解釋比較正常一點。就只是對這五方面的解釋都有好多種，從這裡就能看得出來古人說話都似是而非，好讓別人抓不到把柄。

所謂人和，就是你的人民群眾聽不聽你的號召。他們能不能做到生是你的人，死是你的死人；能不能爲你上刀山，下油鍋而眉都不皺一下的。這個主要就看你平常團不團結群眾，對群眾好不好，大家擁不擁護你了。這個是一項長期的工作，不是你逢年過節送幾袋麵粉，遭災的時候講兩句口號就能搞定的，正所謂「群眾的眼睛是雪亮的」說的就是這個道理。如果你到農民家去，說你想吃餃子，他能立即開心的邊唱歌邊包餃子，而且餃子餡裡還肉多菜少，那說明你這項工作做得很不錯；而如果你的人民寧願上山去當土匪也不願意當你的臣民的話，你就要反思一下自己的做人問題了。

所謂天時，就是天氣時令的意思：是白天還是晚上，晴天還是大霧，有沒有比較流行的西伯利亞的寒流，敵人那邊是寒冷的冬天還是炎熱的夏天。這些看上去似乎都只和出門旅行有關，實際上打仗過程中如果不注意這些是要吃大虧的。穿著夜行衣蒙著面去偷軍事地圖，被抓起來的時候才發現原來這是大白天，這個時候你是不是會覺得很淒涼呢？派了偵察隊伍翻山越嶺地去拍攝敵軍陣地，好不容易爬上了山頂，才發現今日大霧不適合拍照，這個時候你是不是會覺得很失望呢？派了十萬大軍去攻打敵人，去了之後，士兵們都還沒有打仗就已經倒在了床上，原來北方冬天的天氣這麼冷，而你們來的時候都穿著短袖，這個時候你是不是會覺得很無助呢？所以說在打仗之前天時是必須要考慮的一個方面。

所謂地利，就是你要去的地方離你有多遠，是帶一箱礦泉水呢，還是帶一個鑽井隊跟著呢；一箱泡麵夠不夠吃，還是需要帶著農業專家，背著種子去耕地種田解決口糧問題；路上的情況怎麼樣，是森林還是大海，需要帶登山工具還是扛著大船；要不要爬大雪山，如果要爬的話，就需要多帶點辣椒和二鍋頭；會不會遇到野獸和妖怪，有的話就叫上孫悟空一起走。你和敵人有可能會在什麼地方開打，那個地方是一望無際的平原還是人口密集的大城市，能不能用坦克，適不適合從背後偷襲。

所謂將領，就是帶部隊去打仗的領導怎麼樣，能不能被評爲士兵信得過的將領。因爲不可能每次你都帶著部隊御駕親征，國家還有很多事要你處理，後宮還有那麼多美女要你照顧。看將領怎麼樣不能光看外表，呂布就很帥啊，但是他做人有缺陷，最後還是掛了。要看他是不是聰明伶俐，能不能大公無私，會不會小肚雞腸公報私仇，而且還要勇敢，不但能夠號召別人打衝鋒，自己也要能打衝鋒。如果你派了不合適的將領去，最嚴重的後果是他一到地方立刻帶著你的兵馬一起投靠敵軍；稍微好一點的後果就是全軍覆沒，派出去的人一個都沒回來；再好一點的後果是其餘的人全都掛了，就他一個人傷痕累累地跑了回來，在你面前自刎謝罪。這個時候哭也沒用了。

所謂法制，就是部隊的編制是否合理，各級別的人員有沒有各司其責，後勤保障的財務制度有沒有確立起來。正所謂「沒有規矩，不成方圓」，法制這個東西也是很重要。沒有合理的編制，需要群毆敵人的時候，你一聲令下可能只衝上去了一兩個人，需要單挑的時候，又衝上去比武場都裝不下的一大群人。沒有確立軍費開支和後勤供給制度的話，有可能部隊到了戰場上，才發現糧草兵器什麼的都被司務長捐獻給了一路的貧困人民，拿什麼打仗啊！所以說沒有嚴明的法制，後果不堪設想。

這五方面已經在上面解釋得很清楚了，一定要讓你的將帥出門之前朗誦一遍先，只朗誦不夠，還需要他根據現實情況現場解釋一遍。等他真正的理解了並且能夠靈活應用了，部隊就能取勝，否則就趕緊拉他回來，晚了就來不及了。綜上所述，出發之前需要比較敵我雙方情況的有以下幾個方面：哪一方的老大更深得人心？哪一方的將領更能幹？哪一方占盡天時地利？哪一方的法令嚴明並且能夠貫徹執行？哪一方的軍隊人多勢眾？哪一方的士兵更能打？哪一方部隊紀律嚴明？這些方面比較完了，就能知道最後勝利屬於哪一方了。

將領能聽從我的決策的話，就必然可以取勝，就讓他當著將領；將領不聽我的話，派出去也是打敗仗的主兒，就解雇他。沒收他的將軍服和馬車，讓他跑回去種地。

根據以上的這些對比，得出來我方的確占了上風並制定了戰略決策，就可以派兵去打仗了，打仗的過程中先前制定的那些戰略決策又能被貫徹執行，這樣就比較理想了。接下來就需要隨機應變，根據戰爭發展的情況和敵人的狀況制定相應的措施，從而在氣勢上壓倒敵人，讓我方主動永遠。

戰爭是關乎生死的事情，在這裡不評道德風尚獎，也不評四維八德模範。怎麼能打勝仗就怎麼來，欺騙、造謠、炒作、三八、調戲等手段都可以用到這裡來。如果我們很能打，就假裝老弱病殘；我們要去打，就假裝我們只是來旅遊；我們要打這裡卻往那邊的那邊運送武器彈藥，我們要打那邊的那邊卻要在這裡安營紮寨。總之，就是讓敵人搞不清楚狀況，愈暈愈好。敵軍如果貪錢的話，我們就在地上扔硬幣引誘他們。敵人那邊著火了或者鬧鬼了，我們就要趁機攻擊他，千萬不要覺得不好意思。敵人小弟多的話，我們就要小心防備，他們衝上來了，我們就想辦法避開。敵軍將領如果容易發火是個急性子，我們就要盡情地挑逗他，不斷地騷擾他，讓他心煩意亂神經衰弱。敵軍將領看不起我們，我們就更加示弱，讓他連看都不想看我們一眼。敵人就地安營桀驁不馴的話，我們就趕一群動物運動會上的冠軍綿羊過去，讓他們盡情去追，追到精疲力竭。敵人如果很團結，我們就離間他們，用造謠的方法或者扔一個仙女到敵軍營房裡面讓他們去搶。打他們沒有準備的部分，行軍去他們做夢都想不到的地方。這些陰招兒都是軍事家們獲勝的方法，所以開記者招待會的時候一般不敍述獲勝的過程。所有這些都已經被孫子我編成了書賣了錢，大家都能看到，所以你又不能就按照我寫的上面的東西來幹，最主要的就是要融會貫通舉一反三。出其不意是最高宗旨。

在作戰之前經過開會討論預計能夠取勝的，那是因爲有利條件多；作戰之前大家都沒有把握取勝，都哭著喊著不要帶隊伍出去打仗，那是因爲有利條件太少。有利條件多再能隨機應變就能取得勝利，有利條件少就不能取勝，更何況一個有利條件都不具備的話，即便帶著孫悟空也沒用。根據這些來觀察，就可以預見誰能取勝笑到最後。

【爆笑版實例】

拉風的男人是怎麼死的

劉備離開荊州的時候對關羽說：「好兄弟，荊州是我又哭又鬧才騙來的，而且是兵家重地，曹操孫權都想拿，你可要守好了，有沒信心？」

關羽道：「放心吧大哥，我在荊州在，我不在荊州也會在。」

孫權經常站在河邊向荊州方向眺望：「悔不該啊悔不該，悔不該當初看劉備那麼可憐，哭得那麼肝腸寸斷就把荊州借給他。這一借倒成他的地盤了，我去旅遊都要辦簽證才行，真是悶啊！」

周瑜輕輕走上來道：「當初我就知道劉備只是淚腺異於常人才會哭成那樣，如果能聽我的話就不會有現在的局面了，不過我們遲早會把荊州拿回來的。」

孫權道：「啊，周公瑾，你不是已經被諸葛亮氣死了麼？

周瑜唰一下就不見了。孫權搖搖頭道：「唉，果然是幻覺，最近幻聽幻視愈來愈頻繁了，得想想辦法了。荊州啊，我心中永遠的痛！」

呂蒙道：「現在他們對荊州已經有所鬆懈，而且，如果我們和曹操配合的話，一定可以將荊州拿回來的！」

孫權道：「啊，你什麼時候來到我背後的？莫非又是幻覺！」

呂蒙目光蒼茫地眺望著荊州：「別幼稚了，哪會有那麼多好玩的事情給你玩。還是面對現實，想辦法拿回荊州才是真的。」

孫權道：「好，這件事情就派你去辦了，一定要辦得妥妥當當的，回來之後給你升官。」

呂蒙帶著部隊來到了陸口，並將部隊駐紮在這裡。他經常對關羽說孫劉兩家是聯姻，是親家，關係這麼好，還有共同的仇人曹操，兩邊做部下的也應該像一家人一樣相親相愛。而且他又對關羽的為人和武功敬佩得五體投地，現在能被孫權派來這邊駐守，可以和關羽離得這麼近，他真是開心到非常。他還不時地派人給關羽送去好吃好喝的，每晚睡覺前會給關羽發條祝福的簡訊，更有甚者在網路掃黃之後他找到好的黃色網址也會給關羽發過去。關羽對呂蒙漸漸地失去了戒心。但是諸葛亮的「不可親信別人，特別是孫權的人！」的名人名言又時刻地迴盪在他的耳邊，因此在他要帶兵北上攻打魏國樊城的時候，他還是留了一部分的兵力來防守公安、南郡一帶，接著他又從士兵裡面挑了眼神比較好的那部分人，部署在長江沿線作為監視崗哨。

呂蒙清晨出門，舉起望遠鏡觀察那邊的情況的時候，就看到幾十雙炯炯有神的眼睛正盯著他看，看得他臉都紅了，慌忙轉身走進了營房。呂蒙慌忙聯絡了孫權，兩人你一言我一語地聊了起來。

呂蒙：不好弄啊！

孫權：我就知道你打不過關羽，他那麼能打，那麼有名。

呂蒙：我也沒有想和他打，只是想讓他更加放鬆警惕，好乘機下手，沒想到我給了他那麼多好處，連我的私藏都給他了，他還是對我這麼戒備。

孫權：你的私藏？什麼東西，你竟然私藏東西不讓我知道，拿出來看看先。

呂蒙：就幾個網址，沒什麼好看的。

孫權：哇，形勢這麼嚴峻的情況之下你還可以搞到網址，快點給我。

呂蒙：我們先談正事吧，你就說我有病然後把我調回去吧，同時我分散一下兵力，好讓關羽徹底地放鬆警惕。

孫權：這沒什麼問題了，反正你是個藥罐子天下人都知道，不是腸炎就是扁桃腺炎的，我這就調你回來，記得帶好私貨。

呂蒙：收到！那我去收拾東西了，886。

孫權：嗯，記得我交代的事情啊，88。

呂蒙下線之後，圍了條圍巾在脖子上假裝自己扁桃腺發炎，然後帶了一部分士兵，敲鑼打鼓地在對面數十雙炯炯有神的目光下離開了陸口，返回了建業。

陸遜去看望呂蒙的時候，呂蒙還在圍著圍巾裝病。

陸遜道：「好了，別假裝了！快點起來我們商量點事情。」

呂蒙道：「啊，這樣都被你看出來了，你真厲害！」

陸遜道：「你以爲脖子上圍個圍巾就是扁桃腺發炎啦，扁桃腺發炎發到不能工作的人能像你這樣大口地吃著水煮肉片麼?好啦，快起來商量正事兒，看看怎麼才能搞定關羽，拿回荊州吧！」

呂蒙聽得陸遜此言，興奮地從床上坐起來將水煮肉片推到一邊：「莫非你也在想這個事情？」

陸遜道：「從軍這麼久了我還沒有立過大功，這是機會。我覺得你的基本路線和方針是對的，就是讓關羽放鬆警惕，然後我們伺機拿回荊州。」

呂蒙道：「知音啊，爲什麼沒有早點遇到你呢，問題就在於因爲我名氣太大，關羽對我警惕性很高。孫子不是都說要『攻其無備，出其不意』方可取勝麼。」

陸遜道：「所以說你的基本路線是基本正確的，關羽那麼能打，正面衝鋒的話，十個我們都不夠他殺的。正因爲如此，所以他自以爲天下第一，看人都眯著眼睛……」

呂蒙道：「他的眼睛本來就是那樣子的形狀啊！」

陸遜道：「我的意思是他很驕傲，自以爲自己武功高鬍子長就天下無敵，這樣子的人最容易輕敵。我沒有什麼名氣，而且年紀又小，現在如果派我去的話，他肯定不會防備那麼嚴了，然後我們來他個攻其不備，荊州就可以攻破啦！」

呂蒙道：「聽上去好像很不錯的樣子，行不行啊?!」

陸遜道：「總比你這樣裝病要強多了吧！」

呂蒙去掉自己脖子上的圍巾，立刻聯絡了孫權。孫權先誇了呂蒙大公無私的貢獻私藏，接著詢問陸遜的情況，呂蒙做了如下陳述：陸遜才幹出眾，年紀小，沒什麼名氣，連您都不知道他。這樣便可麻痹關羽，我們需要的就是關羽的麻痹。這個任務非他莫屬。孫權於是任命陸遜爲副將，代替呂蒙駐守到了陸口。

陸遜去陸口的時候就背了一捆信紙，別的什麼都沒帶。一到陸口就開始給關羽寫信，言詞比呂蒙當初寫的要不知肉麻多少倍。他先誇關羽的外觀，說他身材魁梧肌肉發達很有男子漢氣概，眼睛眯縫天生利於聚焦，皮膚古銅色傾倒無數少女，幾尺長的鬍子拉風無比，穿四十五號鞋子的大腳利於奔跑跋涉等等。接著誇關羽有內涵有文化講義氣，是男人的典範和楷模，立下的赫赫戰功前無古人後無來者，韓信也只能望其項背，呂布只配給他提鞋。他不但誇關羽，而且還貶低自己，說自己是一介文弱書生，抓隻雞都要費上半天的工夫，說自己是書生都是擡舉自己，在學習的年齡他自己墜入了愛河，因爲早戀什麼都沒學到，文也不行武也不行，要請關羽多多指教幫助。就這樣寫完了一捆信紙，累死了無數信鴿，關羽終於掉進了陸遜的圈套，以爲自己真的那麼偉大，陸遜真的那麼衰，憑藉自己的威懾力，陸遜就一動也不敢動了，他於是加緊了對樊城的攻打，又調走了荊州的一部分守兵，包括那些眼神很好的也被調走了。

樊城那邊也打得不太順利，關羽在那邊和魏軍展開了激烈的戰鬥。呂蒙這邊率領著大軍從長江逆流而上前來搞事。為了蒙蔽關羽留在荊州的部隊，呂蒙將他的戰船全部裝扮成了商船，裡面裝滿了箱子，箱子向外的那一面上面都寫著「易碎物品　禁止踩踏」，他讓士兵們都躲在箱子裡面。划槳的那些士兵都被換上了白色的衣服，胸口寫上了「商人」二字。就這樣，大軍乘風破浪地沿江前進。夜幕降臨了，火把的光明總是很有限的，關羽留守在沿岸的崗哨們還不知道怎麼回事就被人捂了嘴從背後給捅了。呂蒙的戰船接著不分晝夜地前進，終於到達了南郡和公安一帶。

顯然關羽留下來的軍隊對於吳軍的到來是沒有預料的。因為他們的第一句話不是：「吳軍來啦，抄傢伙，砍啊！」而是：「你們幹嘛穿著吳軍的衣服，很好玩麼？」他們手無寸鐵地被吳軍張牙舞爪地圍了起來，全部都投了降。就這樣打都沒打，呂蒙就拿了荊州的首府江陵。直到江陵被吳軍拿下的時候，關羽才得到吳軍進攻的消息。無奈之下他只好退守麥城——一座沒有多少麥子的城鎮。不久之後麥城也被包圍了，雖然勇猛卻還是背不住對方人多而且不乏能人，關羽在突圍的時候終於被抓了，接著就被砍了頭。一代英雄，就此離開人世。

【畫龍點睛】

關羽何等瀟灑，何等神勇，最後卻大意失荊州，敗走麥城。在寫這篇的時候我很傷心，

很難過，為關羽難過，像他這樣拉風的男人，這樣男人中的男人，我寧願寫他壽終正寢或是戰場上一個不小心。而不是被人逼來追去，走投無路，可歷史畢竟是歷史。「攻其無備，出其不意」要從兩方面來看，對敵人，對自己。

兵勢篇

一．我們的兵馬是有限的，應該將有限的兵馬投入到無限的變幻莫測之中去。只知道和敵人約好時間排好隊拚命的人是很難取勝的，打仗講究的是一個「奇」字。

二．我方佔據了優勝的態勢之後，就要迅速而猛烈地打擊敵人。以熊的力量，豹的速度滅絕人性地慘絕人寰地襲擊敵人。

三．用一些方法引誘敵人，挑逗敵人，讓他們意亂情迷到不知道什麼是真實情況，而後奇兵天降，先讓他吃一大驚，然後搞定他。

【原文】

孫子曰：凡治眾如治寡，分數是也；鬥眾如鬥寡，形名是也；三軍之眾，可使必受敵而無敗者，奇正是也；兵之所加，如循環投卵者，虛實是也。

凡戰者，以正合，以奇勝。故善出奇者，無窮如天地，不竭如江河。終而複始，日月是也；死而更生，四時是也。聲不過五，五聲之變，不可勝聽也；色不過五，五色之變，不可勝觀也；味不過五，五味之變，不可勝嘗也；戰勢不過奇正，奇正之變，不可勝窮也。奇正相生，如循環之無端，孰

能窮之？

激水之疾，至於漂石者，勢也；鷙鳥之疾，至於毀折者，節也。是故善戰者，其勢險，其節短。勢如彍弩，節如發機。

紛紛紜紜，鬥亂而不可亂也；渾渾沌沌，形圓而不可敗也。亂生於治，怯生於勇，弱生於強。治亂，數也；勇怯，勢也；強弱，形也。故善動敵者，形之，敵必從之；予之，敵必取之。以利動之，以卒待之。

故善戰者，求之於勢，不責於人，故能擇人而任勢。任勢者，其戰人也，如轉木石。木石之性，安則靜，危則動，方則止，圓則行。故善戰人之勢，如轉圓石於千仞之山者，勢也。

【另類譯文】

孫子教導我們說：當大軍區司令能像當班長那樣把手下的人管理得井井有條而自己還不費勁，並不是因爲未成年人比成年人更聽話，而是因爲部隊編制嚴密的緣故。指揮幾萬人打仗能像指揮三四個人去群歐那樣有條不紊，並不是因爲這幾萬人都是同一個人的複製人而行動一樣，而是因爲我們有自己的彩旗、口哨、暗號、手語等指揮和聯絡通訊工具，雖然在我們這個年代通訊基本靠喊，但只要我們嗓門夠大，能夠喊得與眾不同，還是可以用來指揮部隊的。統領三軍部隊和敵人打仗而能立於不敗之地的，並不是因爲如來佛幫我們，而是因爲我們了解奇和正的辯證關係並可靈活應用的緣故。我們打起敵人來就像石頭碰雞蛋那樣容易，像菜刀拍黃瓜那樣開心，並不是因爲敵人是雞蛋或者黃瓜，而是因爲我們運用了著名的避實擊虛的原理。

善於打仗的人，都是正面和敵人交鋒，然後用讓敵人意料不到的奇兵取得勝利。善於出奇制勝的人，是不一般的人，他們就像天地那樣變化無窮，一會兒排成人字一會兒排成一字；就像江河那樣奔流不息連綿不絕。忽然能看見，忽然又看不見了，就像太陽和月亮的運行一樣，不！他們比太陽和月亮更加聰明，太陽和月亮的運行還有規矩，而他們完全沒有。來是come，去是go，就像春夏秋冬的更替一樣，但是他們比春夏秋冬更加調皮，你完全沒辦法預料他們什麼時候come，什麼時候go。音階不過五個宮、商、角、徵、羽，後人把它變成了七個，用這些音階的組合卻是怎麼聽也聽不完的。色素不過也就五種，但是經過調和變幻之後的顏色卻是怎麼看也看不完的，除非你戴上墨鏡。味道不過五種，和在一起做出來的味道卻也是千變萬化的。漢字不過九萬多個，通過組合重複，卻有人可以寫出幾十萬字的書來騙稿費。戰術也不外奇和正兩種，它們的變化卻也是無窮無盡的。奇和正的變化就像一個圓一樣沒頭沒尾，無始無終，誰能找到它的盡頭呢。這是這一篇裡面最有哲理的一句話了，請大家抄到筆記本上。

湍急的水流能沖走石頭和相撲運動員，這是因爲水勢迅猛；猛禽能一把抓住雀鳥還把牠捏成殘疾鳥，這是因爲時機掌握得好，力氣夠大的緣故。善於作戰的人，總會將作戰的態勢積累到險峻爲止，不攻則已，一攻必勝。那時的態勢就像拉到快要斷的弓箭那樣有力量，而時機的選擇也

正好在拉到最滿的時候，而不是沒拉開的時候，也不是拉到累得受不了又還原回去的時候。

因爲大家都喜歡用旗子來做標誌和鼓舞人，戰場上就難免有很多各種各樣的旗子；大家打仗一般都用人和馬，戰場上就難免有很多人和馬。這些個東西亂作一團的時候，必須要保證我方人員不能亂，隊伍散了就不好帶了。士兵像螞蟻一樣潮湧，到處都是煙火師放出來的煙火的時候，我方必須要保證陣形方能立於不敗之地。如果我們的隊伍向來有組織有紀律，我們可以派一部分士兵亂跑亂撞同時還要啊啊地叫，以誘惑敵人。如果我們的將士素來不怕死，上刀山下油鍋都爭著搶著來的話，我們就假裝看到敵人害怕發抖來迷惑敵人。我們向來能打，就假裝走路都得扶著牆那樣脆弱。部隊的整齊和混亂，是編制和指揮決定的；勇敢還是怕怕，是由目前的態勢決定的，如果一看就知道能取勝，誰還不會哭著喊著往前衝啊；強大和弱小，是由實力的對比決定的。

善於牽著敵人走的人，會像敵軍展示一種虛假的抑或是真實的軍情，敵人必然以爲自己很聰明而順著來；給敵軍幾車柴火，幾隻小綿羊，一個白骨精，敵人必定會貪圖而來取，等著他們的是埋伏在左右四周的猛將兄。善於作戰的人講究的是一個對態勢的控制，而不會一味地埋怨部下只知道吃飯不會打仗。所以，最重要的就是要能選用合適的指揮員，利用有利的態勢。能夠抓住有利態勢的人，他們指揮部隊就像玩木頭和石頭一樣，不是說像魯班那樣玩木頭，像女媧那樣玩石頭。而是說他們能很好地利用木頭和石頭的特性，木頭和石頭有什麼共同點嗎？牛和馬有什麼共同點嗎？牛和馬的共同點就是牠們都會動，而木頭和石頭的共同點就是把它們放在平地上它們就不動，放在斜坡上它們就會滾動，除非你找來的是一塊立方體狀的石頭。所以說，善於指揮作戰的人會造成這樣一種態勢：就像將一塊巨大的圓形的石頭放在八百丈高的山坡上那樣飛滾而下，這種力量是不可阻擋的。這就是我們要在這一篇裡面敍述的「勢」——所有的有利因素集合在一起，並適時應用而表現出來的必勝趨勢。

【爆笑版實例】

美女不在東大街上

王莽東搞搞西搞搞搞出來一個「新」朝。之後進行了一系列的變革，變得國內就像那解不開的一團麻，後被起義軍殺害。王莽死後國內形勢就像一盤散沙，雖然立了一個皇帝，但是他根本就沒辦法控制全國局面，將領們基本上都當他是假的。

耿弇雖然成長發育在混亂的年代，他的頭腦還是比較清楚的，看劉邦的九世孫劉秀比較有發展前途，就騎著馬不分晝夜地奔跑前去盧奴投奔了劉秀。在劉秀手下他南征北戰，立下了不少的戰功。劉秀即位之後，任命他爲建威大將軍。耿弇有一個特點就是說得到，做得到。雖然他說的

時候往往口氣很大，讓人認爲那是不可能的任務，可是每次他都能按時完成任務，凱旋而歸，所以當他提出要再次北上，調集上谷的剩餘兵力，到漁陽平定彭寵，到涿郡滅張豐，然後回師順便收降富平、獲索等農民軍，接著向東去攻打張步平定齊地的時候，光武帝劉秀雖然在心裡面想：「哇，這麼複雜的任務說都要說一陣子了，別說完成了，等完成的時候是不是都已經老得走不動了……」雖然他這麼想了一下，最後還是答應了耿弇的請求。

耿弇騎著大馬帶著人去平定張步了，他將兵馬駐紮在西安和臨淄之間。當時守護西安的是張步的弟弟張藍，他帶著的兵馬有兩萬，而防守臨淄的軍隊則有一萬多人，另外一個狀況是西安城小，臨淄城大。去兩個城的路程都差不多遠近，在這種情況之下，應該攻打哪座城池先呢？

耿弇手下的部將荀梁建議先攻打西安，他說：「西安好，如果拿下西安我們可以先去鐘樓附近的小吃街吃羊肉泡饃和賈三包子等美食，吃飽喝足之後可以去東大街蹲在街上看美女，你說多好啊！臨淄呢？什麼都沒有。而且如果我們先攻打臨淄的話，張藍肯定會從西安帶兵出來去救援的，我們就被前後夾擊了，這個很要命的！」

耿弇則對此提出了不同的意見：「首先，我們出來是來打仗的，不是來吃喝玩樂和看美女的，西安東大街上有很多美女麼？等我們打了勝仗之後我帶你去成都和重慶看。另外，張藍會不會派兵增援取決於我們會不會調動他出來增援。西安城雖然很小，但是城牆很堅固，同時還有那麼多兵馬防守著，一時半會兒是很難攻打下來的，即便我們攻打下來了，也是要付出重大傷亡的，而且西安城的賊多，張藍肯定會逃跑的，這樣對我們也很不利。臨淄城大，但是兵少，等我們拿下臨淄之後，西安城就孤立無援了，鐵定拿下。」

部將們紛紛覺得耿弇說得有道理，不應該這麼著急地想著吃喝玩樂。統一大家的思想之後耿弇就開始積極準備攻取臨淄事宜。在準備的同時，他派了很多人出去到馬路邊、茶館、妓院、圍觀處、人才市場等人口密集的地方，透過聊天、大聲耳語、議論紛紛等方式將「五天後耿弇軍要攻打西安」這個假消息散佈出去。張藍聽到這個消息之後，絲毫沒有懷疑，立刻開始調兵遣將不分晝夜地加強西安的防護，臨淄那邊也放鬆了警惕。第四天的時候，耿弇忽然率領著大軍在凌晨時分出現在臨淄城下。臨淄守將早晨起床在城牆上跑步的時候，就看到了城下黑壓壓的軍隊，再定睛一看竟然是耿弇的部隊。於是他雙手合成喇叭狀放在嘴巴上大聲喊道：「你們走錯啦，西安在相反的方向……向……向……」

耿弇也喊道：「沒錯兒，打的就是你……你……你……」

那守將一下就慌了，連忙回家去換戰袍，不過他跑步時穿的運動鞋沒有換，他認爲這個有利於打不過的時候逃跑。他的衣服剛剛換好，耿弇的部隊就衝進了城來，雖然他穿的是運動鞋，但是依舊沒能跑掉。他留下的最後一句話是：「要說這運動鞋啊，還得買名牌的！」張藍見臨淄城已被攻打下來，怕自己孤城難守，還沒等耿弇來攻打，就帶著部隊逃跑去投奔張步了，一座非常

堅固而且裡面有很多好吃好看的西安城就這樣給了耿弇。

張藍跑到他哥哥張步處之後，大哭了一場說耿弇欺騙他，還想要追著打他。張步很生氣，於是帶著自己所有的兵馬總共二十萬大軍前去和耿弇拚命。耿弇兵馬少，明白硬拚是拚不過張步的，於是想了一個避實擊虛的辦法。他先讓主力部隊隱蔽在臨淄城後面，並吩咐他們要像玩捉迷藏那樣藏好，藏得讓張步看不見，然後又讓手下的兩個將領帶著些兵馬在臨淄城下擺個陣勢並且顯得很強勢的樣子。耿弇安排好這些之後，親自帶著兵馬出城去引誘張步，張步倚仗著自己兵馬多，衝上去就打，又想起弟弟張藍那淒涼的淚眼，恨不得將耿弇生吞活剝了。耿弇邊戰邊走，口中還喊著：「你抓不到我，你抓不到我。」張步聽此更加著急，跟著耿弇就跑到了臨淄城下，城下擺陣勢的那兩個大將帶著兵馬就衝了上去，和張步糾纏在了一起，你是風兒我是沙一樣地糾纏。耿弇帶著躲在城後的主力大軍忽然從兩側猛攻起來，張步的部隊亂作一團，慌忙鳴金收兵回家，這一下部隊就損失了大半。

張步帶著垂頭喪氣的將士們準備撤回老窩劇縣。耿弇事先已經猜到了張步可能採取的行動，並派人進一步確實了張步是要回劇縣了，就在路上設了埋伏。張步像一隻受了傷的小鳥一樣，只想著回家，根本就沒有做被埋伏的準備，也沒有注意周圍的環境，就這樣一頭鑽進了耿弇的埋伏圈，耿弇一聲令下，將士們從路邊衝將出來。張步喊了一聲：「啊，又來！」之後就開始逃跑了，他手下的將士們也都跟著逃跑起來，耿弇一路追到了劇縣，拿下了劇縣，張步又踏上了逃跑的征程，終於還是被耿弇在平壽給追上了，張步投降，膠東地區從此平定了。

【畫龍點睛】

戰神不愧為戰神。先是虛實結合，使「兵之所加，如以碫投卵」；接著奇正相間，使「三軍之眾，可使必受敵而無敗」，最終將張步逼得投降。怪不得他被評為「雲台二十八將」之一。

九變篇

一．打仗不是做廣播體操左扭扭之後就是右扭扭這樣子有規律，戰場上什麼情況都可能會發生，什麼樣的變化都可能會遇到，如果是神話故事的話還會有意想不到的荒誕事出現，比如在封神榜裡面就是這樣。所以當將軍的應該能夠隨時做好應對的準備，在形勢大好的時候想著防患於未然，在受人欺負的時候總是能在內心的最深處聽見水手說「風雨中這點痛算什麼……」悲觀主義者和樂觀主義者都是帶不好部隊的。

二．將領在五種情況之下可能會誤入歧途，誤人子弟，誤國誤民。而這五種情況又是經常會遇到的，將領們經常會有過失的，在此篇之中也將會有 述。

【原文】

孫子曰：凡用兵之法，將受命於君，合軍聚眾，圮地無舍，衢地交合，絕地無留，圍地則謀，死地則戰。塗有所不由，軍有所不擊，城有所不攻，地有所不爭，君命有所不受。故將通於九變之地利者，知用兵矣；將不通於九變之利者，雖知地形，不能得地之利矣。治兵不知九變之術，雖知五利，不能得人之用矣。

是故智者之慮，必雜於利害，雜於利而務可信也，雜於害而患可解也。
是故屈諸侯者以害，役諸侯者以業，趨諸侯者以利。
故用兵之法，無恃其不來，恃吾有以待也；無恃其不攻，恃吾有所不可攻也。
故將有五危，必死，可殺也；必生，可虜也；忿速，可侮也；廉潔，可辱也；愛民，可煩也。
凡此五者，將之過也，用兵之災也。覆軍殺將，必以五危，不可不察也。

【另類譯文】

孫子教導我們說：所謂的「九變」並不單指九種變化，「九」是很多的意思，就像「獨孤九劍」並不是只會砍九下那樣子。凡是用兵的方法，將領收到國君的命令，召集好人馬，吃完散夥飯之後就帶著部隊出發了。在沼澤地帶、坑坑窪窪的地方還有池塘之上不應該駐紮，不然睡一晚之後會發現少了很多人的，而且地又不平又潮濕，將士們不但睡不好覺，還有可能染上風濕而抱憾終生；在四通八達的黃金地段要和周圍的人打好關係，光天化日之下砸場子和搶劫的事情也是經常會發生的；在連根草都不長的地方要迅速地通過而不要停留，不毛之地有什麼好停留的呢？看風景沒風景的，吃野味沒野味的，要美女沒有美女的。如果在這個地方真的出來一個美女，那她不是白骨精就是外星人了，而且還得是好長時間沒吃過人肉餓得快暈過去的白骨精和來自比衣索比亞還窮的星球的外星人；在四周不是高山就是海洋的容易被包圍的地方，要提高警覺，萬一

被敵人包圍了也得要跟他們拚了，一旦害怕了就完蛋了。有的道路不能走，當心圖釘；有的敵軍不要攻，當心他們是少林十八棍僧化妝的；有些城池不要佔領，當心裡面鬧鬼；有些地域不要爭，當心全是陷阱，陷阱裡面都是糞坑；老大的有些命令也可以不聽，畢竟我們這個年代沒有現場直播，老大不可能隨時隨地掌握現場局勢，可能等送信的人送到的時候寫信的人都已經投完胎了。

所以如果將帥能夠精通地掌握了「九變」的具體運用，並且可以靈活地隨機應變地應用的話，就算是真的懂得用兵了；將帥不精通「九變」的具體運用，就算是熟悉地形還請了旅遊團的導遊，也不能得到地利。當指揮官如果不懂「九變」，就算你知道了「五利」，你也不能算是一個稱職的指揮官，也不能充分發揮部隊的戰鬥力。

智慧與美貌並重的將帥考慮事情的時候，不但會蒼茫地望著遠方顯得很酷的樣子，而且會把好處和壞處一起衡量。在考慮我軍的不利條件的時候，不會悲觀失望，覺得整個世界都是灰暗的，他會同時考慮有利的條件並加以利用，好事兒就能順利地進行；在看到有利的因素的時候，他不會盲目樂觀覺得整個世界都是自己的，更不會開心地抱起老婆來轉圈，他會同時考慮還有哪些不利的因素，這樣可能會造成災害的不利因素就會事先排除掉。所以，要讓諸侯們都聽你的，就要用實力制其要害，有實力自然有魅力；要把諸侯們像使喚奴隸一樣的使喚，就應該讓他們困於事業連碗牛肉麵都買不起；要讓諸侯們都願意來追隨我，就要用利益來誘惑他們。

所以我說：用兵的原則是不抱敵人在家忙著過年或者帶孩子而不會來攻擊我們的僥倖心理，無論什麼時候，我們的安全保障都緣自我們有充分的準備，嚴陣以待著敵人；不要指望敵人不來進攻，要靠我們強大的實力，來威懾他們，即便敵人來了也只能大敗而歸。

做將領的有五個致命的弱點：堅持死拚硬打而不會想變通之法，做人這樣子執著是要吃虧的，這可能會招致殺身之禍，看形勢不對的時候帶著部隊閃也是可以的，留得青山在不怕沒柴燒嘛；臨陣畏縮，貪生怕死，這種人在平常會表現得好勇敢好無畏，到戰場上一看敵人密密麻麻的軍隊就立刻想要扭頭走了，這樣的人最好的結局就是當俘虜，去敵軍那邊被虐待；脾氣火爆，急性子，這種人可能因爲敵人送給自己一套女士內衣就怒髮衝冠而衝上去砍，這樣會把部隊帶進埋伏圈的，送女士內衣有什麼了不起，大不了轉送給你老婆啊；太注重自己的名聲，這樣子的人可能會被敵人的一個謠言而激怒，又將部隊帶進埋伏圈，名聲只是虛名而已，就像天上的浮雲一樣，有什麼用處？性命才是最重要的；太過於善良，太過於愛護民眾，連晚上偷襲敵營都怕會吵到鄉親們睡覺，這樣的人只會貽誤戰機。上述的這五種情況的後果都是很嚴重的，同時也是將領們最容易有的過失，這些都是用兵的災難啊，哪方的士兵遇上這樣一個領導，哪方的士兵就淒慘了。軍隊之所以會全軍覆沒，將領之所以會有去無回，必定是因爲這五種危害之中的一種或者幾種，所以一定要清楚地認識到這五種危害的嚴重性，最好能列印出來換了你貼在床頭的美女海報，每天看一遍。

動物世界

【另類實例】

王莽新政三年十二月，綠林軍乘著王莽主力軍隊向東去攻打赤眉軍之時，先後在池水、育陽打敗了王莽部隊，包圍了宛城這個戰略要地，同時也將部隊發展到了十萬人。四年二月，綠林軍推舉漢室後裔劉玄爲皇帝，恢復了漢制，改元更始。昆陽之戰便是發生在四年六月的一次以綠林軍爲主體的漢更始軍大敗王莽主力軍的一次戰役。

劉玄稱帝之後，爲牽制王莽軍南下，保障主力軍奪取宛城，便派了王鳳、王常和劉秀等率軍兩萬人向北去攻城掠地，三月，他們進逼洛陽。王莽慌忙將主力從攻打赤眉軍戰場拉了回來，準備徹底地粉碎漢軍對他的威脅，徹底地消滅更始政權。王莽這次真的生氣了，後果很嚴重。他將所有能打仗的部隊全部調動了起來，又將所有的軍師也不管學歷高低全部召集到了一塊兒，這多人聚集在一起，場面何其壯觀啊！即便這樣他還嫌不夠拉風，他又舉辦了一個名爲「王莽酸酸乳・超級壯男」的選秀活動，目的就是從全國各族人民中間選出一名超級壯漢。

最後勝出的是一名一輛車、三匹馬都拉不動的壯男，而這個壯男的作用就是走在部隊最前面用來嚇唬漢軍，給自己的軍隊壯膽鼓勁的，接著他又從動物園裡面弄來好多老虎、豹子、犀牛、大象等比較巨大的動物裝在籠子裡面拉在車上也編排進隊伍裡面，本來他還想將動物園的那隻恐龍一起拉來，可是那恐龍的體積實在太大，根本就塞不進籠子裡面去，即便製造一個超級大籠子將恐龍裝進去了，也沒有東西能拉得動那輛車。這些動物的功用此時此刻已經由供人們觀看和調戲轉變爲嚇唬漢軍了。就這樣一個什麼都有的部隊浩浩蕩蕩地向昆陽城開了過去。

此時昆陽城內的守軍只有七八千人，在王莽如此囂張地混編部隊面前是有夠寒酸的。昆陽城雖然有夠堅固，倒是能撐一陣子，不過如果被敵人長期圍困的話，那就是必死無疑的了。在一個大廳裡面召開了昆陽城的軍事擴大會議。

將領甲：「太恐怖了，那麼高大的男人我還從來沒有見過。王莽軍太厲害了！」

將領乙：「就是，還有那麼多的老虎、豹子、大象，他們會不會放出來咬咱們呢？」

將領丙：「不如我們將部隊分成好幾群，然後從不同的地方進攻。那個巨大的男人由一部分身材嬌小靈活的人搞定，那些動物由以前在動物園工作過的士兵們對付，另外的人去消滅王莽的部隊！」

劉秀：「部隊分成小塊小塊的只會給敵人侵吞造成便利，合力應對或許可以取勝，如果分開的話必敗無疑。再說了，那個巨大的男人和那些動物都只是擺設，不用操心的。」

將領甲：「小官兒劉秀，那你說到底該怎麼對付呢？」

劉秀：「應該死守昆陽，牽制王莽的部隊，等待正在進攻宛城的部隊前來救援。今晚我再出發去找找救兵，看看能不能拉些部隊回來。這裡就由王鳳率領軍隊守衛吧！」

將領乙：「啊，那怎麼行啊？我覺得不妥！」

劉秀：「乙將軍你有更好的辦法麼？」

將領乙：「辦法嘛……沒有！」

所有人都拿不出應對之策，雖然看不起劉秀，目前這種狀況也只能聽劉秀的了。劉秀部署了部隊在王鳳的帶領下守城，自己帶領了十三騎冒死衝出城去找援軍。他們跑到郾城，希望那邊的漢軍可以前來救援昆陽。可是郾城的將領們都怕王莽的部隊，另外還想保著搶來的金銀財寶老婆娃娃熱炕頭，安安穩穩地過日子。

劉秀：「大敵當前，你們還過什麼日子？」

郾將：「我剛剛買了三室一廳的房子，而且還有存款，這些都是我打仗拚回來的，家裡生活小康了，我幹嘛還要跑出去打仗去？」

劉秀：「王莽不除，你的日子能過得安穩麼？一旦王莽攻克昆陽的話，接下來要滅的就是你們了。Look!」

劉秀拿出很多圖片，上面畫的都是王莽軍隊得勝之後的場景：殺人放火，姦淫擄掠，人民骨肉分離。郾城將領們見此，紛紛同意帶兵前去救援昆陽。

劉秀將這些漢軍集中起來一看，倒也有不少的人馬，不過和王莽部隊的數量比起來，依舊是小巫見大巫了。可爲了保住昆陽，他們依舊義無反顧地向王莽軍衝將過去。在路上，劉秀又想到了一個計謀。他寫了一封信，將這封信假裝成從宛城發來給昆陽守軍的，信中內容是宛城那邊已經大勝。劉秀將這封信扔在了王莽軍附近的大路上的非常顯眼之處。這封信終於被王莽軍撿去了，王莽軍那邊非常震撼，軍心動搖。劉秀立刻帶領了一支突擊隊向王莽軍中衝去，王莽軍被嚇了一跳，以爲是大軍前來對付他們了，想都沒多想就要扭頭逃跑。城內的王鳳守軍也瞅準了這個機會大叫著衝了出來，好一陣廝殺。正在此時，天降傾盆大雨，戰場一片混亂不堪，王莽部隊裡面的那個巨大的男人早已不知道跑到哪裡去了，被帶來的動物也逃出了籠子到處亂竄亂咬。王莽軍此刻連逃跑都不會了，紛紛跑進了附近的滍川河裡面去做了水鬼，這或許是歷史上最壯觀的一次落水事故了，王莽軍四十多萬人沒有多久就化爲烏有了，官兵屍體將河道都給堵塞了。

王莽軍的將領只帶著幾千個人逃回了洛陽。漢軍單單打掃戰場就打掃了一個多月，因爲王莽軍留下的糧草兵器實在太多了。

【畫龍點睛】

被大軍包圍了應該怎麼辦？不是抓緊時間享受了該享受的之後自殺，也不是等死，也不應該出城投降，孫子已經說得很清楚了，應該是「圍地則謀」。充分發揮人的主觀能動性積極想辦法脫離困境，需要堅信的是：這個世界上沒有解決不了的問題，沒有搞不定的事情，也沒有打敗不了的敵人。

行軍篇

一．打仗一般都是在室外，室內的那種我們一般稱之爲打架。室外的地形千變萬化，有長長的小河、綠綠的森林、希望的田野等等，打仗是一個技術性很高的事情，會影響到最終結果的有很多因素，其中不同條件之下如何率領部隊就很重要，在本篇中有詳細的描述。

二．一個人的表情和行動都明白無誤地會表現出他的內心，除非他是個癡呆或者植物人。怎樣透過敵人的行動來探詢敵軍的真實情況呢？他們一見我們扭頭就跑，真的是因爲我們長得那麼難看嗎？本篇也會給予詳盡的分析。

三．哪怕你是超人，你是托塔李天王，靠你一個人還是不可能搞定敵人十幾萬大軍的。打起來的時候真正起作用的還是一個個衝鋒陷陣的士兵。要讓他們敬畏和擁戴你並且能聽你的，就需要你平日裡做足工作了。

【原文】

孫子曰：凡處軍、相敵：絕山依谷，視生處高，戰隆無登，此處山之軍也。絕水必遠水；客絕水而來，勿迎之於水內，令半濟而擊之，利；欲戰者，無附於水而迎客；視生處高，無迎水流，此處

水上之軍也。絕斥澤，唯亟去無留；若交軍於斥澤之中，必依水草而背眾樹，此處斥澤之軍也。平陸處易，而右背高，前死後生，此處平陸之軍也。凡此四軍之利，黃帝之所以勝四帝也。

凡軍好高而惡下，貴陽而賤陰，養生而處實，軍無百疾，是謂必勝。丘陵堤防，必處其陽而右背之，此兵之利，地之助也。上雨，水沫至，欲涉者，待其定也。凡地有絕澗、天井、天牢、天羅、天陷、天隙，必亟去之，勿近也。吾遠之，敵近之；吾迎之，敵背之。軍行有險阻、潢井、葭葦、山林、蘙薈者，必謹覆索之，此伏奸之所處也。

敵近而靜者，恃其險也；遠而挑戰者，欲人之進也；其所居易者，利也。眾樹動者，來也；眾草多障者，疑也；鳥起者，伏也；獸駭者，覆也；塵高而銳者，車來也；卑而廣者，徒來也；散而條達者，樵采也；少而往來者，營軍也。辭卑而益備者，進也；辭強而進驅者，退也；輕車先出居其側者，陳也；無約而請和者，謀也；奔走而陳兵者，期也；半進半退者，誘也。杖而立者，饑也；汲而先飲者，渴也；見利而不進者，勞也。鳥集者，虛也；夜呼者，恐也；軍擾者，將不重也；旌旗動者，亂也；吏怒者，倦也；粟馬肉食，軍無懸缻，不返其舍者，窮寇也。諄諄翕翕，徐與人言者，失眾也；數賞者，窘也；數罰者，困也；先暴而後畏其眾者，不精之至也；來委謝者，欲休息也。兵怒而相迎，久而不合，又不相去，必謹察之。

兵非益多也，唯無武進，足以並力、料敵、取人而已；夫唯無慮而易敵者，必擒於人。

卒未親附而罰之則不服，不服則難用也；卒已親附而罰不行，則不可用也。故令之以文，齊之以武，是謂必取。令素行以教其民，則民服；令素不行以教其民，則民不服。令素行者，與眾相得也。

【另類譯文】

孫子教導我們說：在各種不同的地形之下處置軍隊和判斷敵情有以下的注意事項。

山地，所謂山地就是有高有低的地方，而且這個高還不是一般的高。通過山地的時候，我們應該依靠有花有草的地方，這樣馬才有草吃而不至於跑去投靠敵軍，同時還可以陶冶官兵們的情操。同時還應該將部隊駐紮在有向陽的高處，據科學研究曬一個小時的太陽等於吃五個白煮蛋，駐紮在向陽的地方就等於讓將士們不停地吃著白煮蛋。敵人已經佔領了高處的時候我們不應該仰攻上去，因爲衆所周知，爬山是一項很耗體力的運動，終於爬上山頂了，人也累倒了，正好被敵人切生菜了。

江河，所謂的江河就是有夾在兩岸中間的又長又深的水。駐紮部隊的時候應該注意離水遠一點，因爲一般來說人並不是水陸兩棲動物，大部分人一下水除了喊救命就幹不了別的事情了，而且晚上聽著流水聲睡覺很容易尿床的，這樣會讓將士們很沒面子而大大地影響戰鬥力。駐紮在水邊除了洗衣服方便一點之外實在是一點好處都沒有，而打仗的過程中，通常我們不應該太注重外表，畢竟這不是相親。敵人淌著水想過來打我們的時候，讓他們先走，等他們走到河中間的時候再衝過去扁他們，而不要在他們一下水就衝出去，免得他們可以一扭頭就上了岸。如果要和敵人

決戰，也不要在水邊擺陣，這樣很容易失足落水的。同時在江河地帶駐紮也應該居高向陽，最好不要面對著水流駐紮，整天看著水流很容易暈的。

鹽鹼沼澤地帶，所謂的鹽鹼地就是鹽和鹼含量過高的土地。它們通常都是白色的，很喜歡腐蝕球鞋和馬蹄子。所謂的沼澤地就是水含量過高的土地。它們通常都是灰黑色的，很喜歡讓人和馬一腳深一腳淺地走路。到了這樣的地帶我們應該怎麼辦呢？改良土地麼？顯然沒時間，最好的辦法就是快速通過，然後有多遠跑多遠。如果不幸和敵人相遇在這樣的地方，那就應該迅速地找到這樣的地方然後行動過去：靠近水草而且背靠樹林。

平原，所謂平原就是平平的原野。這種地方是大家都喜歡的，因爲大家都很適應這樣的地方，所以更加應該佔據有利地勢了。在平原上的有利地勢是：前方開闊，兩側海拔較高，面前的地域比站著的地域海拔低，這樣衝下去的時候也比較省力氣。

上面我們講了四種處軍的原則，黃帝之所以能夠戰勝其他那麼兇猛的四帝，就是因爲明白上述四種處軍原則的結果。大家切記，一般人我都不告訴他。

一般來說，駐紮我們總喜歡乾燥的高地，避開潮濕的窪地，可避免得風濕；重視向陽的地方，避開陰暗的地方，一方面可以不停地吃白煮蛋；另一方面也可以起到好陽光好心情的作用；靠近水草的地方，馬有草吃人有水喝，將士們身體好心情好，這樣就有了勝利的保障。在丘陵堤防這樣的地方行軍，要搶到向陽的一面佔據它，並把實力最強的側翼背靠著它，這樣會很有安全感。這樣對作戰有利，是得到了地形的輔助。忘了說了，如果江河上游下了大雨，就會有洪水，水面上會衝來草木、碎末、塑膠袋、衛生紙什麼的，如果想淌著水過河應該等一等，到水勢趨緩這些東西都衝走的時候再過。

凡是遇到或者要通過「絕澗」、「天井」、「天牢」、「天羅」、「天陷」、「天隙」這幾種地形，必須要迅速離開，不要接近。就光只是看名字就知道這些不是好地方了，到底有多不好呢？下面分別解釋一下。

絕澗：兩邊懸崖峭壁，中間是高深莫測的水流。上，上不去，跑，跑不掉，恐怖啊！

天井：四周都是高地，中間是低窪，就像臉盆一樣。如果正好碰上傾盆大雨，敵人再用抽水機往裡頭灌水的話，就被活活淹在裡頭了，太恐怖啦！

天牢：連綿不絕的群山環繞，有進無出。牢房很恐怖吧，更何況是天牢，如果進到裡面堪稱淒涼啊！

天羅：到處都是駱駝刺、沙棗刺、仙人掌、情花……什麼植物有刺這裡就長什麼植物。人馬走進去只聽一片啊啊的叫聲，出來的時候渾身都是刺。想想都覺得害怕。

天陷：這裡不但是天井，而且前幾天剛剛被大雨澆透了的天井。人一進去半截身子就陷到泥裡頭了的那種地方。別說快速行軍了，能活著出來就已經很不錯了。

天隙：一座大山不知道是什麼原因，可能是地震，也可能是被愚公挖了，總之是中間隔了一

道縫，兩邊都很想合攏回去，這個縫就愈來愈窄。部隊在其中行走，不但大家心情壓抑，而且稍微胖一點的人還很容易被卡住，需要戰友不時地從後面推……

現在大家應該明白這些地方都不是什麼好地方了吧。基本上我們應該做到好的東西留給自己，不好的都給敵人。所以碰到這些地方的時候，我們應該快速閃開，想辦法讓敵人靠近它；我們應該面對這些地方，而讓敵人背對這些地方，一個不小心就掉進去。行軍過程中如果有險山阻擋，低窪積水，草叢茂密，原始森林這樣玩捉迷藏的時候很好用的地方的話，必須要反覆地搜索，提高警惕，這些都是敵人和奸細埋伏躲藏的好地方，實在不行就放火或者放箭。

敵人就在我們眼前，但是他們卻靜若處女，這是他們倚仗著自己的有利地形等著我們去打；敵人離我們八百里遠，但卻整天用千里傳音大法喊著要打我們，這是想引誘我們出動；敵人之所以駐紮在平坦的希望的田野上，是因爲平坦的地方對他們有好處，或許是他們集體患有重度恐高症，只要海拔超過一米就會頭暈。沒有颱風也沒有伐木工人工作，但是樹木卻分明是在搖動，這不是幻覺，而是敵人從樹林子裡面悄悄前來了；草叢之所以稱之爲草叢是因爲它只長著草，現在卻忽然在其中發現了好多蘑菇、鐵樹、電網、煙幕彈等，這些顯然都不是自己長出來的，而是敵人布下的疑陣；本來現在是鳥兒們的午休時間，牠們卻忽然集體高飛，那是下面有敵人的伏兵；連老虎都嚇得往前狂奔，顯然是有人來了，而且不是一個人，如果是一個人的話就會是人在狂奔了，這可以判斷得出來敵人大舉突襲；塵土飛起來了樣子高高的尖尖的就像少女的胸部，這是敵人的戰車來了；塵土又飛起來了樣子低低的寬寬的就像男人的胸部，這是敵人的步兵開過來了；塵土再次飛起來了樣子縹緲飛揚的就像老爺爺的鬍子，這是敵人拉著柴火往前走呢；塵土還要飛起來樣子時起時落的就像小孩子用鼻子吹的泡泡，這是敵人正在紮營。這些都是通過無數次的觀察總結出來的，準確率達到百分之九十九。

敵人派來的使者言辭極賤而敵人那邊又在磨刀備戰，這是要準備進攻了；使者不但氣勢洶洶而且還敢問候我們將領的全家，敵人那邊也做出要打過來的樣子，這是他們準備要撤退了；三輪車先出動，部署在兩側的，這是敵人在布陣；打都還沒有打，敵人就派人來投降講和的，是另有陰謀想要趁我們不注意而偷襲的；敵人列著陣快速向我們奔跑過來，並不是因為想我們了，而是企圖要和我們決戰；敵人要走又不走的樣子，是想要引誘我們去打他們的。

敵兵有長矛的靠著長矛站著，有弓箭的拄著弓箭彎著的，是餓了的表現；送水的士兵打了水自己先搶著喝的，是渴了的表現；敵人看到我們人馬不帶兵器地出去散步也不來打的，是因為疲勞打不動的表現；敵人的營寨上空好多鳥兒飛來飛去而沒有被彈弓打的，下面肯定是空營；敵人晚上愛做噩夢大喊大叫的，是驚恐的表現；敵營亂傳閒話，隊伍一團亂麻的，是敵軍將領沒有威嚴的表現；旗子沒規律地亂搖亂晃還被用來擦鼻涕的，是敵人隊伍已經混亂的表現。敵軍將領易怒愛發脾氣的，是到了更年期的表現，如果是男將領的話就是全軍疲憊的表現；用大米餵馬，馬剛一開心就被殺了吃，裝水的器具也被砸了，士兵們也都不回營房在外面喝酒吃肉的，是要和我

們拚命的表現；低聲下氣求爺爺告奶奶的和部下說話的，是敵軍將領失去人心的表現；天天給士兵們發獎金的，是敵軍沒有辦法的表現；天天打罵體罰士兵的，是敵人處境困難的表現；先打罵士兵接著又說好話的，是豬腦袋將領的表現；派了心腹送銀子送女人給我們言和，是敵人想休兵的表現；如果敵人哭著喊著跟我們對陣，沒打幾下又跑了的，得自己觀察他到底想幹什麼，是不是真的頂不住了，還是想去上廁所了，還是想引誘我們進包圍圈。

打仗並不在於人愈多愈好，即便有一百萬士兵，但是卻都不聽你的話，不但打不了勝仗還有可能被自己的士兵群歐，被一百萬人群毆那該是多麼壯烈的一個場面啊！所以說只要你指揮鎮定，能夠集中兵力，正確地分析敵情，而手下的人也都能聽你的，這樣也就足夠打仗的了。像那種既沒有深謀遠慮而且還輕視敵人的都是被俘虜的主兒。士兵們還沒有適應部隊生活的時候就體罰人家，他們當然就會不服，不服就不會聽你的，你讓他摘西瓜他當然會給你抱個茄子回來。士兵們已經適應部隊生活了，如果紀律不夠嚴明也不能用來作戰。總之，要像春天般的溫暖那樣對待他們讓他們愛上你，要像冬天般的嚴寒那樣執行紀律讓他們步調一致，這樣就可以得到部下的敬重和擁護。平常嚴格執行命令管教士兵，士兵們就可以養成服從的好習慣；平常不嚴格管理，在戰場上喊破喉嚨也沒有用。平常的命令都可以貫徹執行好的，說明將帥和士兵之間的關係很融洽，可以先讓他去幫你摘個西瓜來先，看看他抱來的是什麼。

【爆笑版實例】

城牆頂上的脫衣舞

唐明宗李嗣源死後由他的兒子李從厚繼承王位，史稱閔帝，這閔帝本身年紀小，再加上又沒什麼主見，朝政就由朱弘昭和馮斌兩人把持了。這兩個人也沒有什麼才幹，只知道排除異己保證自己的官能做得穩當。他們兩個最害怕的就是跟隨唐明宗一生南征北戰立下赫赫戰功的李從珂，於是開始想辦法除去李從珂。他們先是將李從珂的兒子貶出京城，弄到了一個邊緣的地方去搞訓練工作，又將李從珂的一個正在做尼姑這份很有前途的職業的女兒李惠明召進宮來做了人質，最狠的就是讓別人去做鳳翔節度使替代李從珂的位子，收繳李從珂的兵馬。

讓兒子去上山下鄉他忍了，讓女兒冷鎖深宮他也忍了，讓他被別人替代了這就沒辦法再忍下去了。正所謂「忍無可忍，無需再忍」，李從珂立刻召集了手下人來商討應對之策。

下屬一號：「換節度使這麼大的事情竟然只是口頭傳達，太兒戲了吧也。」

下屬二號：「我覺得這些都不是皇上搞的，他還那麼年幼，根本弄不出這樣的大手筆來。肯定是朱弘昭等人的教唆。」

李從珂：「這一點非常明白了，目前我們應該怎麼辦呢？」

下屬三號：「很簡單啊，兩個選擇，交或是不交！」

李從珂：「其實，這一點我明白的。有沒有具有建設性點的意見拿出來？」

下屬一號：「擺名了朱弘昭他們是要把你往死了弄的，目前你還有兵馬有勢力，他們不敢明著來，一旦你交了的話，不但你，你們一家人就都死定了！」

李從珂：「等的就是這樣的話，好，反了！」

當天晚上李從珂即印刷了無數的傳單散發了出去，傳單上寫的是篇戰鬥檄文，以清君側除奸臣爲名義，號召大家共同出兵進攻首都，做掉朱弘昭等惡人。李從厚立刻派王思同領兵前往討伐，王思同結集了各路人馬一同圍攻鳳翔城。

這鳳翔城並非重鎮，而之前李從珂也沒有做任何工事上的防禦準備。護城河還是那條經常有小孩在裡面洗澡，有婦女在裡面洗衣服的淺淺的小河，城牆依舊是那條撐杆跳運動員可以一躍而過的城牆，王思同人馬又多，沒多久鳳翔城東西關的小城就先後失守了。李從珂官兵傷亡慘重，王思同直逼鳳翔城下。李從珂站在城牆上看著外面慘狀的景象，恨自己沒有早做準備，難道真的要在這裡讓自己的腦袋和身體分家麼？那一刻他真想從城牆上飛身跳下，但是他明白，城牆這麼矮，即便跳下去也頂多只能摔個半身不遂，如果是臉朝下的話還可能會被毀容，那就大大地划不來了。

城下王思同的兵馬愈來愈近了，近到他幾乎都可以看清楚官兵的臉了。咦，那張臉龐怎麼會那麼熟悉，在哪裡在哪裡見過你，不是小韓嘛那個，他旁邊那個不是小劉麼。李從珂看到了愈來愈多的他以前的部下在王思同的部隊裡面，大喜過望，立刻就脫掉了自己的上衣。

小劉：「他這是要做什麼啊，怎麼忽然脫起衣服來了？」

小韓：「會不會是想用他的肌肉吸引我們的注意力或者讓我們自卑，失去戰鬥力呢？」

李從珂在城牆上大哭起來，哭的聲音非常大，哭聲迴盪在鳳翔城內外的上空，吸引了所有人駐足觀看。李從珂又用毛筆將自己身上的一個個傷疤都標記了出來，他抹了一把眼淚鼻涕道：「我還是個青少年，尚未發育完全的時候就跟隨著先帝東征西戰，四處奔波，我出生入死，毫無怨言。人生最美的青春年華就在戰場上度過了，人世間最美的東西——愛情我都沒有享受到。搞到現在遍體鱗傷，你們中的很多人也曾跟隨我隨先王一起征戰過，爲國家立下了汗馬功勞。如今朝廷奸臣當道，你們卻被他們所利用來致我於死地，你們怎麼能下得了手啊，我又有什麼罪呢？」李從珂愈說愈傷心，愈哭愈奔放，最後竟兀自趴在城牆的跺口上哭得死去活來。

城下的將士們都被他感動了，比較多愁善感一點的都哭了起來。將領中有一個叫楊思權的羽林指揮曾在李從珂手下幹過，交情很好，而且楊思權和朱弘昭有一些過節，他見此情況立刻喊道：「您才是我們真正的老大吶！」很多將士齊聲喊出了這句話。楊思權拿出一張白紙給李從珂，讓他在攻下京城之後任命他爲節度使，李從珂知道這只是空頭支票，於是非常爽快地寫下了讓他做節度使的字據，楊思權帶兵從西門入，認李從珂做老大。正在攻打東門的尹暉也帶兵歸順

了李從珂。前來歸順的將士像趕集一樣絡繹不絕，剩下沒歸順的部隊很快就被擊退了。李從珂將城中所有的財物拿出來犒賞各位將士，接著他又發佈命令：凡是能活著攻進京都洛陽的，賞錢十萬文，將士們非常受鼓舞，都喊著：「發財啦，發財啦！」

閔帝見王思同傷痕累累地一個人逃了回來，非常恐懼。又派了侍衛親軍都指揮使康義誠帶領著兵馬去討伐李從珂。康義誠發誓不滅了李從珂決不回來，然後就帶著大隊人馬雄赳赳氣昂昂地出發了，到了李從珂那邊兩人怒目而視了幾分鐘後忽然微笑著上去握手合影，還互相發煙抽——康義誠也全軍投降了，更過分的還是他帶領著李從珂一路殺到了洛陽。太后被逼無奈之下，下令廢除了閔帝，立李從珂爲帝。李從珂開始兌現自己當初許下的犒賞士兵的諾言。打開國庫之後才發現裡面空空如也，只有牆縫裡面有幾枚硬幣。

李從珂：「我靠，太過分了吧！這是國庫麼，怎麼比叫花子還窮。」

大臣：「朱弘昭他們把錢全都花光了，吃吃喝喝，大搞修建，置辦坐騎，找小姐等等。」

李從珂：「這下完了，犒賞士兵的費用至少也要五千萬文啊！去哪弄這麼多錢去呢，看來只有搜刮了！」

李從珂開始搜刮民脂民膏，逼得百姓們上吊投井咬舌。他又把宮廷裡面的值錢的東西都拿出去賣了，包括太后和妃子們的髮簪耳環什麼的都拿出去了，總共才湊了兩千萬文。湊得這麼辛苦卻還差五分之三，李從珂實在無計可施了。

他身邊的一個學士說：「別想了，天上是不會掉錢下來的。治理國家關鍵在於修法度、立綱紀，人的欲望是填不滿的。」

李從珂：「說得有道理，現在我覺得凡是不用花錢的事情都很有道理。」

李從珂於是不再對士兵進行犒賞，但他又不敢制定太過嚴明的法律和制度，他怕士兵們發生叛亂。對士兵們見了上級不敬禮，公然調戲良家婦女，搶人民群眾的財務等亂紀行爲也睜一隻眼閉一隻眼。

三年之後，河東節度使石敬瑭又造反了。李從珂的部隊一直以來治軍不嚴，派出去之後一點戰鬥力都沒有，被石敬瑭打得落花流水，石敬瑭直搗洛陽。李從珂只得登上高樓舉火自焚。他便是後唐的最後一位皇帝。

【畫龍點睛】

這裡已經涉及到了將領如何對待屬下的問題。天天打罵體罰苛扣工資？你遲早會被他們捆了送給敵人的；好吃好喝招待一味遷就？這樣的部隊是不可能打勝仗的。從李從珂的一勝一敗，我們也看得出來這一點的重要性。「令之以文，齊之以武」乃是最好的解決方法。

Q版爆笑通鑑之天可汗前後

作 者：韓冬
出版者：風雲時代出版股份有限公司
出版所：風雲時代出版股份有限公司
地址：105台北市民生東路五段178號7樓之3
風雲書網：http://www.eastbooks.com.tw
官方部落格：http://eastbooks.pixnet.net/blog
信箱：h7560949@ms15.hinet.net
郵撥帳號：12043291
服務專線：(02)27560949
傳真專線：(02)27653799
執行主編：劉宇青
美術編輯：芷姍

法律顧問：永然法律事務所 李永然律師
北辰著作權事務所 蕭雄淋律師
版權授權：韓寶峰
二版一刷：2011年8月
ISBN ：978-986-146-775-7

總 經 銷：富育國際股份有限公司
地　　址：台北縣新店市中正路四維巷二弄2號4樓
電　　話：(02)2219-2068

CVS通路：美璟文化有限公司
地　　址：台北市信義區莊敬路289巷29號
電　　話：(02)2723-9968

行政院新聞局局版台業字第3595號 營利事業統一編號22759935

定價：350元 特價：199元

國家圖書館出版品預行編目資料

Q版爆笑通鑑之天可汗前後 ／ 韓寶峰著；--
臺北市：風雲時代，2011.06 面；公分

ISBN 978-986-146-775-7（平裝）
1. 史記 2. 通俗作品

610.11 100007777